Bienvenue à Bruges, ville du patrimoine mondial

Certains lieux ont un charme indéfinissable qui nous ensorcelle sans que l'on sache très bien s'expliquer pourquoi. Bruges est un de ces endroits. Une ville à taille humaine, devenue grande grâce à son histoire fascinante. Culturelle, artistique, cosmopolite, bourguignonne décomplexée, magiquement médiévale et patrimoine mondial de l'UNESCO.

T0015014

Minnewater (rue)

Découvrir
Bruges

Les incontournables de Bruges
Dix grands classiques
à ne pas manquer

🚢 Le Rozenhoedkaai et les canaux de Bruges, une vue typique sur la ville

Le Rozenhoedkaai relie le Belfort aux canaux, les artères de la ville, et offre une vue de toute beauté. Aussi est-il logique qu'il soit devenu le coin préféré des photographes. Découvrez les endroits qui font la fierté de Bruges et ses perles cachées lors d'une promenade en bateau. Bruges est une ville qui ne révèle tous ses charmes que lorsqu'on la visite et l'admire depuis l'eau. Un grand classique à ne rater sous aucun prétexte.

🐴 Le Markt, un passage obligé

L'endroit le plus animé de la ville est dominé depuis des siècles par le Beffroi, haute tour médiévale de 83 mètres. Comme autrefois, vous pouvez monter jusqu'à son sommet et y contempler un panorama à couper le souffle sur Bruges et ses environs. Le Markt est également réputé pour son Historium, une spectaculaire attraction interactive, qui vous catapulte dans la Bruges médiévale. Ceinturé de maisons richement colorées, le Markt est aussi le lieu de rassemblement des cochers. *(Pour en savoir plus, lire pages 56 et 65.)*

Le Burg,
toute la richesse médiévale

Le Burg est, au sens strict, le cœur vivant de la ville. C'est depuis son Hôtel de ville du XIVᵉ siècle, un des plus anciens des Pays-Bas, que Bruges est gouvernée depuis plus de 600 ans. Cette majestueuse place architecturale vous emmène aussi à la rencontre de la demeure

du Franc de Bruges, de l'ancien Greffe Civil et de la basilique du Saint-Sang. Aucun autre endroit n'évoque mieux la magnificence de Bruges.
(Pour en savoir plus, lire pages 55, 59 et 73-74.)

Se balader dans l'Ancien Quartier de la Hanse

Du XIIIᵉ au XVᵉ siècle, Bruges a été la plaque tournante commerciale de l'Europe du

Nord-Ouest. Les commerçants espagnols s'établirent sur le Spaanse Loskaai et dans la Spanjaardstraat ; ceux de l'Est ou allemands sur l'Oosterlingenplein. Cet ancien quartier hanséatique vous invite à admirer les maisons de ces négociants internationaux et nations commerçantes. Vous pouvez encore y humer l'ambiance d'autrefois.

Les primitifs flamands : la splendeur intemporelle

Le XVᵉ siècle, le Siècle d'or de Bruges, a été marqué par le règne des Beaux-Arts. De grands maîtres, tels que Jan van Eyck et Hans Memling, s'y sont installés.

Aujourd'hui, certaines des plus belles œuvres de ces primitifs flamands mondialement célèbres sont conservées au Musée Groeninge et à l'Hôpital Saint-Jean. Les visiteurs pourront aussi admirer dans la trésorerie de la plus ancienne église paroissiale de Bruges, la cathédrale Saint-Sauveur, des tableaux peints à Bruges il y a plusieurs siècles. *(Pour en savoir plus, lire pages 63-64 et 71-72.)*

Splendeur bourguignonne

Découvrez la splendeur bourguignonne autour du site rénové du Musée Gruut-huse. Le luxueux palais municipal du XVe siècle a été entièrement restauré et rouvrira ses portes dans le courant de l'année 2019. Plongez dans 500 ans d'histoire de Bruges à travers sa riche collection. Une chapelle privée intime relie le palais à l'église Notre-Dame : elle permettait aux seigneurs de Gruut-huse d'assister à la messe en toute dis-crétion. Le joyau de l'église est la divine *Vierge à l'Enfant* en marbre blanc de Michel-Ange, qui continue aujourd'hui encore d'émouvoir chaque visiteur. *(Pour en savoir plus, lire pages 53, 64 et 67.)*

Faire vœu de silence au Béguinage

Certains endroits sont tellement beaux qu'ils nous laissent bouche bée. Le Bé-guinage est de ces lieux propices au si-lence. Les béguines – des femmes émancipées, en vérité religieuses laïques, qui menaient une vie pieuse et de célibat – y habitaient autrefois en communauté. Cette oasis de calme et de verdure, avec son imposant jardin intérieur, ses arbres courbés, ses façades blanches et son silence si prenant, est absolument splendide. Il y règne chaque jour qui passe une absolue sérénité, que rien ne vient jamais troubler. *(Pour en savoir plus, lire pages 55-56.)*

Le Minnewater, l'atout romantique

Ce petit lac rectangulaire était autrefois un débarcadère pour les barges qui assuraient une liaison régulière entre Bruges et Gand. De nos jours, il constitue, avec le Minnewaterpark, un havre de tranquillité et est l'endroit romantique par excellence. Le pont du Minnewater offre un point de vue imprenable sur un des lieux les plus idylliques de Bruges.

La Salle de concert, la culture avec un grand « C »

Le longiligne temple de la culture, situé sur la plus grande place de la ville, séduit par son architecture contemporaine. À l'intérieur, son auditorium accueille aussi bien des concerts de musique classique que des spectacles de danse contemporaine. Pendant la journée, découvrez tous les secrets de ce bâtiment exceptionnel en participant au Concertgebouw Circuit, un parcours original qui s'achève sur une vue spectaculaire de Bruges depuis la terrasse sur le toit.

(Pour en savoir plus, lire pages 60, 77 et 84.)

🏛 Les Maisons-Dieu, ces pierres de charité

Des villages dans la ville. C'est ainsi qu'on peut décrire le mieux ce clos résidentiel construit au Moyen Âge et qui est toujours habité par des personnes âgées. Plusieurs siècles en arrière, à l'initiative des fidèles, des Maisons-Dieu furent érigées par charité. Aujourd'hui, leurs jardinets pittoresques, leurs façades blanches et le calme souverain qui y règne en font l'endroit le plus paisible de la ville.

(Pour en savoir plus, lire page 14.)

Promenade 1
Bruges, une ville fière de son patrimoine mondial

Bonifaciusbrug

Si fière que soit Bruges de son statut mérité de ville du patrimoine mondial, elle n'en regarde pas moins vers l'avenir ! Cette promenade vous mène vers des panoramas mondialement célèbres, des monuments hauts comme des tours et des places vieilles de plusieurs siècles, mais rajeunies par des constructions contemporaines. Avec un pied dans le Moyen Âge et l'autre bien ancré dans le présent. Un itinéraire vivement recommandé à tous ceux qui visitent Bruges pour la première fois et qui veulent découvrir immédiatement ce qui fait sa réputation. Préparez votre appareil photo !

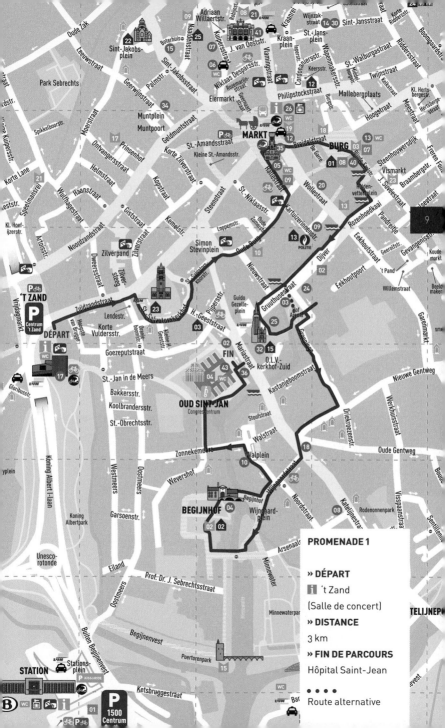

PROMENADE 1

» DÉPART

 't Zand
(Salle de concert)

» DISTANCE

3 km

» FIN DE PARCOURS

Hôpital Saint-Jean

• • • •
Route alternative

Depuis 't Zand jusqu'à la place Simon Stevin

Cette promenade débute au **bureau d'information 't Zand (Salle de concert).**

't Zand, la plus grande place de Bruges, est dominée par un bijou d'architecture contemporaine : la Salle de concert **17**, qui prouve que la ville du patrimoine mondial a clairement le regard tourné vers l'avenir. Lors du Concertgebouw Circuit **17**, vous pouvez jeter un œil derrière les écrans du temple de la culture. À l'étage supérieur, un espace interactif vous invite à vivre d'étonnantes expériences sonores. Vous y profitez de surcroît d'une superbe vue surplombante sur Bruges. Profitez-en pour visiter le bureau d'information 't Zand (Salle de concert) et y glaner toutes sortes de conseils très utiles.

Vous pouvez y acheter directement vos billets.

Pour en savoir plus sur la Salle de concert et le Concertgebouw Circuit, lisez l'entretien avec Ayako Ito pages 112-115.

Laissez le bureau d'information 't Zand (Salle de concert) derrière vous, promenez-vous sur la place et prenez la première rue à droite, la Zuidzandstraat. Sur votre droite, vous voyez apparaître après environ 300 mètres la cathédrale Saint-Sauveur 23.

Cette église paroissiale, la plus ancienne de Bruges, se trouve plus bas que l'actuelle Steenstraat se situant sur une ancienne crête sablonneuse. Par ailleurs, au Moyen Âge, les ordures ménagères étaient simplement jetées dans la rue et aplaties par les char-

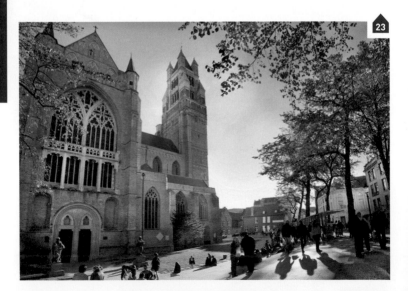

LE BURG, UN CONDENSÉ D'ARCHITECTURES

Entre-temps, les amateurs d'art l'auront sans doute noté : le Burg présente une synthèse raffinée de tous les styles architecturaux les plus remarquables du passé. Du style roman (Église Saint-Basile) et gothique (Hôtel de ville) au classicisme (demeure du Franc de Bruges), en passant par la Renaissance (Greffe Civil) et le baroque (Prévôté). Et tous ces styles réunis sur une seule et même place !

rettes qui passaient. Ce faisant, le niveau des rues s'élevait progressivement. À l'intérieur de la cathédrale Saint-Sauveur, vous pourrez éclairer le faîte en bois du clocher. Son trésor renferme des peintures de Dieric Bouts, Hugo van der Goes et Pieter Pourbus, des plaques funéraires en cuivre et de magnifiques exemples d'orfèvrerie.

Tournez à droite devant la cathédrale dans la Sint-Salvatorskerkhof. Faites le tour de la cathédrale et prenez la quatrième rue à droite : la Sint-Salvatorskoorstraat. Vous arrivez ensuite sur la place Simon Stevin.
Cette ravissante petite place, bordée d'agréables terrasses en été, se distingue par l'imposante sculpture du scientifique néerlando-flamand Simon Stevin.

Le Markt et le Burg

Laissez la Simon Stevinplein à votre gauche et continuez votre route le long du Oude Burg. Avant la fin de la rue, vous voyez à gauche les Halles **09** qui font partie du Beffroi **05** . Entre 8h et 18h (le samedi à partir de 9h), vous pouvez tourner ici et traverser l'imposante place intérieure pour vous retrouver sur le Markt. Si le porche est fermé, revenez sur vos pas et empruntez la Hallestraat qui lui est parallèle.
Dans la Promenade 2, sur les pages 24-25, le Markt fait l'objet d'un commentaire détaillé.

Retournez au Beffroi **05** et engagez-vous dans la ruelle piétonnière qui apparaît au coin à gauche : la Breidelstraat. Continuez jusqu'au Burg.
Sur ce trajet, vous remarquez à droite une venelle étroite : De Garre. Bien

03   07

qu'il s'agisse de la rue la plus étroite de la ville – on peut à peine s'y tenir à deux côte à côte – vous y trouverez de nombreux cafés sympathiques. Une fois arrivé sur le Burg, prenez le temps d'admirer la place la plus majestueuse de la ville. La vedette de ce récit historique est ici l'Hôtel de ville **08** **40** (1376-1420), l'un des plus anciens hôtels de ville des Pays-Bas et un exemple gothique qui a inspiré de nombreux autres hôtels de ville plus tardifs à Louvain, Bruxelles ou Audenarde. Après avoir admiré sa façade en détail, entrez-y et laissez-vous surprendre par l'impressionnante salle gothique et sa voûte polychrome suspendue. Sur le côté droit de ce monument gothique se cache la basilique du Saint-Sang **01**, à l'origine dédiée à Notre-Dame et à Saint-Basile et bâtie comme une église de château à deux niveaux entre 1139 et 1157. L'église

basse a conservé son caractère roman. La chapelle supérieure, qui à l'origine n'était probablement pas plus grande qu'une tribune, a été transformée en véritable église au cours des siècles. Ce n'est qu'au XIXe siècle qu'elle a revêtu son style néogothique actuel, mais elle conservait déjà la relique du Saint-Sang depuis le XIIIe siècle. Chaque année depuis 1304, le jour de l'Ascension, la relique du Saint-Sang accompagne la procession qui porte son nom. Une manifestation populaire qui agite toute la ville et qui est depuis 2009 inscrite par l'UNESCO sur la Liste du patrimoine culturel immatériel. Dans l'autre angle du Burg, vous remarquez la resplendissante façade renaissance de l'ancien Greffe Civil **03** (1534-1537) où sont aujourd'hui conservées les Archives communales **07** avec, juste à côté, le Franc de Bruges **13**.

La pièce maîtresse est ici la magnifique cheminée en chêne (1529) à frise d'albâtre. C'est depuis l'ancienne demeure du Franc de Bruges (dont la partie avant date de 1722), que fut gouverné le territoire de Bruges et sa région. Après 1795, l'immeuble a été transformé en Palais de Justice et depuis 1988, le bâtiment abrite divers services de la ville. Juste en face de l'Hôtel de ville se trouvait autrefois l'impressionnante cathédrale Saint-Donat qui a été démolie en 1799 lors de l'occupation française. Dans la Prévôté **18** mitoyen (1655-1666), qui s'y trouve toujours, siégeait autrefois le prévôt (supérieur religieux) de Saint-Donat. Vous pouvez visiter gratuitement

les fondations d'une partie de la cathédrale Saint-Donat dans les caves du Crowne Plaza.

Des histoires olfactives

Rendez-vous maintenant dans la petite rue sur la gauche de l'Hôtel de ville, la Blinde-Ezelstraat. N'oubliez pas de regarder derrière vous la voûte superbement ouvragée entre l'Hôtel de ville et le Greffe Civil 03 07 . À côté de Salomon, vous remarquez à gauche la statue de la Prospérité, à droite celle de la Paix.

La légende veut que la rue Blinde-Ezelstraat doive son nom à une auberge qui s'appelait « Blinde Ezel » (l'âne aveugle). Autrefois, des ânes étaient utilisés dans les moulins des brasseries qui approvisionnaient notamment les tavernes. Pour sauver ces pauvres bêtes de l'ennui de toujours tourner en rond, on leur cachait les yeux avec un bandeau. Au départ du pont, un peu plus loin, vous apercevez, sur la gauche, le Meebrug (1390), un des plus vieux ponts de la ville.

Juste après le pont, vous arrivez au Vismarkt 23 .

À l'origine, on vendait du poisson au coin du Markt, à hauteur de l'Historium 26 . Mais à cause de l'odeur incommodante, les marchands de poissons en furent bannis au XVIIIe siècle. Dans le complexe à colonnes spécialement construit pour eux (1821), on vendait du poisson de mer, un mets délicat et coûteux, accessible seulement aux riches. De nos jours, du mercredi au samedi matin inclus, vous pouvez encore y acheter du poisson de mer frais. En été, le marché aux poissons se transforme en un lieu de rencontre convivial et animé avec danse et musique. L'ambiance parfaite pour boire un verre ou manger un petit morceau.

Meebrug

Dijver

Retournez sur vos pas et tournez à gauche juste avant le petit pont pour accéder à la Huidenvettersplein. Tandis que le marché aux poissons approvisionnait les riches, les pauvres trouvaient ce qu'ils voulaient sur la Huidenvettersplein, la place des graisseurs de peaux. Ici pas de poisson de mer au menu, mais du poisson d'eau douce beaucoup moins cher. Le poteau qui se dresse au milieu de la place avait un frère jumeau et l'on suspendait entre l'un et l'autre la balance sur laquelle le poisson était pesé. Le grand bâtiment étonnant qui domine la place était le lieu de réunion des graisseurs de peaux. On vendait ici les peaux d'animaux transformées en cuir. L'endroit n'a pas été

🏠 LES MAISONS-DIEU, LE PLUS COURT CHEMIN VERS LE CIEL

Ces quartiers d'habitations ont été construits par charité à partir du XIVe siècle. Soit par des artisans qui souhaitaient donner un toit à leurs confrères âgés, soit par des veuves ou des bourgeois aisés qui voulaient obtenir une place au paradis en faisant preuve de charité chrétienne. Pour s'assurer d'avoir cette place, chaque clos résidentiel possédait sa propre chapelle dans laquelle les habitants adressaient leurs prières d'action de grâce vers le ciel comme le prescrivait le règlement intérieur. Aujourd'hui, presque toutes les maisons sont restaurées et modernisées et des personnes âgées y vivent. Avec leurs jardinets pittoresques et leurs façades blanches, elles sont autant d'invitations à se reposer ou méditer. Par chance, elles sont ouvertes au public pour peu qu'on veuille bien en respecter la tranquillité.
(Sur le plan de ville, les Maisons-Dieu sont indiquées par 🏠.)

choisi par hasard : le tannage était un artisanat à l'odeur incommodante et comme le vent venait le plus souvent du nord ou du nord-ouest, les odeurs pestilentielles étaient chassées hors de la ville vers une zone à l'époque inhabitée. La statue à l'angle du bâtiment a donc de bonnes raisons de se pincer le nez...

Vous arrivez maintenant sur le Rozenhoedkaai ; restez à droite.
Le Rozenhoedkaai est le coin le plus photographié de Bruges ! Il abritait autrefois le port au sel. Le sel était l'or du Moyen Âge car on pouvait y conserver les denrées et en assaisonner les plats. Des mots comme *salaire*, *salary* en anglais, nous rappellent la valeur du sel. Ils viennent du latin *sal* qui signifie sel. Les soldats romains recevaient leur solde en sel.

Du Groeninge au pont Bonifacius

Continuez le long de la rue Dijver.
Le long de cet itinéraire pittoresque, vous trouverez successivement le Collège d'Europe (n° 9 à 11) **02**, un centre postuniversitaire international axé sur l'Europe et le Musée Groeninge (numéro 12) **24**. Vous y admirerez les chefs d'œuvre mondialement célèbres d'illustres primitifs flamands comme Jan van Eyck, Hugo van der Goes et Gérard David mais aussi des peintures d'expressionnistes flamands, des chefs d'œuvre néoclassiques des XVIIIe et XIXe siècles ainsi qu'une riche collection d'art moderne d'après-guerre.

Bref, un panorama complet et prestigieux de la peinture néerlandaise et belge du XVe au XXe siècle. Vous accédez à l'entrée du musée en traversant plusieurs ravissants jardins clos. *Si vous souhaitez en apprendre davantage sur les primitifs flamands, lisez notre entretien avec Till-Holger Borchert, pages 104-107.*

Continuez votre promenade le long de la rue Dijver. Juste après la passerelle, vous trouvez sur la gauche la porte d'accès au Musée Gruuthuse **25**. Ce musée rouvrira ses portes au printemps après une longue période de travaux de restauration. *Plus d'infos sur le Musée Gruuthuse à la Promenade 2 (pages 22-23) et page 53.*

Continuez jusqu'à la place Guido Gezelle, tournez à gauche juste avant l'église Notre-Dame **15** **32** et suivez l'étroite rue jusqu'au charmant petit

25

pont Bonifacius. Il est possible que l'itinéraire n'aille pas plus loin en raison des travaux (jusqu'au printemps 2019). Dans ce cas, empruntez la route alternative telle qu'indiquée sur la carte (ligne pointillée).

Les croix qui se dressent ici ou là ne sont pas des tombes mais des pointes de clochers d'église. Pendant la Première Guerre mondiale, les flèches des églises ont été retirées afin de désorienter les éclaireurs ennemis. Elles n'ont pas été replacées. Tout près du pont Bonifacius, vous remarquerez la plus petite fenêtre gothique de la ville. Levez les yeux : c'est par cette fenêtre que les messieurs et les dames de Gruuthuse pouvaient garder un œil sur leur ponton de débarquement. Après avoir franchi le pont, vous débouchez dans le pittoresque jardin public Hof Arents qui appartient à l'élégante Maison Arents (XVI-XIXe siècle) **03**.

L'étage supérieur est dédié à l'œuvre éclectique de l'artiste britannique Frank Brangwyn tandis que le rez-de-chaussée accueille les expositions temporaires. Le parc est agrémenté de deux colonnes provenant de l'ancienne Waterhalle (halles d'eau), jadis un grand entrepôt central qui se trouvait sur le Markt et où l'on chargeait et déchargeait les bateaux, ainsi que les bronzes « Les Cavaliers de l'Apocalypse » sculptés par Rik Poot (1924-2006) qui illustrent tout à la fois la révolution, la guerre, la famine et la mort. Le thème religieux des bronzes de Rik Poot a pu également plaire à Hans Memling dont le splendide *Triptyque Saint-Jean*, conservé dans l'Hôpital Saint-Jean **36** mitoyen, représente également les cavaliers. Passez par le portillon du jardin en direction du Musée Groeninge **24** pour découvrir d'autres chefs d'œuvre de Memling et des primitifs flamands.

02 02

Minnewater

Cap vers le béguinage !

Quittez le jardin du musée Groeninge par le portillon étroit et tournez à gauche, dans la sinueuse rue Groeninge. Au croisement de la Nieuwe Gentweg, prenez à droite. Arrêtez-vous quelques instants dans les Maisons-Dieu ⌂ Saint-Joseph et De Meulenaere (toutes les deux du XVIIe siècle). Promenez-vous ensuite jusqu'au bout de la rue.

À gauche au coin de l'Oude Gentweg et de la Katelijnestraat se trouve le Musée du diamant 18, qui ravira les amateurs de pierres précieuses. Avouez-le, dans la ville la plus romantique de l'hémisphère occidental, un musée du diamant s'imposait !

Continuez à gauche par la Katelijnestraat et prenez la première à droite, la Wijngaardstraat. Vous dépassez la Wijngaardplein, lieu de halte pour les cochers, et un peu plus loin, vous prenez à droite et passez le pont à côté de la maison éclusière pour entrer dans le Béguinage. Depuis le pont, vous apercevez à votre gauche le Minnewater.

Le Minnewater était autrefois un débarcadère pour les barges et les coches d'eau qui assuraient une liaison régulière entre Bruges et Gand. De nos jours, c'est l'endroit romantique par excellence. Le Béguinage est un lieu d'un tout autre genre mais pas moins charmant. Fondé en 1245, le Béguinage Princier Ten Wijngaarde 02 02 n'est aujourd'hui plus habité par des béguines (des femmes célibataires qui formaient une communauté religieuse laïque), mais par quelques sœurs bénédictines et des dames brugeoises ayant fait vœu de célibat. Vous trouverez dans la petite Maison béguinale 04 un bel aperçu de la vie quotidienne au XVIIe siècle. L'imposant jardin intérieur, les façades blanches et la pieuse tranquillité créent une atmosphère prenante et unique en son genre. Attention, les portes d'entrée du Béguinage ferment irrévocablement chaque jour à 18h30 !

Walplein

Promenez-vous dans le Béguinage et sortez-en par la porte principale. Tournez à gauche après la passerelle et restez sur la gauche pour déboucher sur la Walplein.

À gauche, au numéro 26, se trouve depuis 1564 la plus vieille brasserie de ville encore en activité, la brasserie De Halve Maan **10**. Ici, tout tourne autour du *Brugse Zot* (Le fou de Bruges), une savoureuse bière artisanale à haute fermentation à base de malt, de houblon et d'une levure spéciale. La bière renvoie au surnom dont Maximilien d'Autriche aurait affublé les Brugeois. Pour lui souhaiter la bienvenue, ils firent défiler un cortège exubérant de joyeux noceurs et de fous de toutes sortes. Quand ils lui demandèrent ensuite de financer un nouvel asile d'aliénés, l'empereur répondit sans ambages : « *Je n'ai vu ici que des fous, Bruges est un grand asile de fous, fermez simplement les portes* ».

Terminez par l'Hôpital Saint-Jean

Tournez à gauche dans le Zonnekemeers, enjambez l'eau, prenez à droite et entrez sur le site de l'Ancien Hôpital Saint-Jean. Prenez le temps de vous promener à l'intérieur de la

CONSEIL

En pénétrant sur le Site Oud Sint-Jan, vous remarquez les grandes salles communes de l'hôpital Saint-Jean du XIXe siècle. Promenez-vous à l'intérieur, car certains jours vous pourrez même assister à un concert gratuit du harpiste brugeois Luc Vanlaere. Laissez-vous émouvoir par ses merveilleuses sonorités. Ces anciennes salles communes abritent également les expositions temporaires de Xpo Center Bruges. Renseignez-vous sur les activités organisées pendant votre séjour à Bruges.

Plus d'informations sur www.harpmuziek.be et www.xpo-center-bruges.be.

cloître, vous voyez *Les artères du cloître,* une œuvre de l'artiste italien contemporain Giuseppe Penone qui évoque de manière symbolique la vie quotidienne de ses habitants et la mission sanitaire qui leur était confiée.

Pour en savoir plus sur la place de l'art italien à Bruges, lisez l'entretien avec Sonia Papili, pages 96-99. Ou comment à Bruges, ville du patrimoine mondial, le passé continue puissamment d'alimenter le présent.

remise du XIXᵉ siècle si le portail est ouvert.

L'ancien Hôpital Saint-Jean **36** (XII-XIXᵉ siècle) que vous découvrez sur le côté à droite, est vieux de huit siècles. Les plus anciens documents datent de 1188 ! C'est ici que les religieux dispensaient leurs soins aux pauvres, aux pèlerins, aux voyageurs et aux malades qui, pour la plupart, venaient mourir entre ses murs. Selon la légende, le peintre Hans Memling y fut admis comme patient et aurait remercié ses bienfaiteurs en leur offrant quatre des six tableaux aujourd'hui conservés par l'hôpital, les deux autres ayant été acquis au XIXᵉ siècle. Juste en face du

Tournez à gauche, puis à droite.

Cette jolie petite place se distingue par son jardin d'épices et sa pharmacie du XVIIᵉ siècle qu'il faut absolument visiter. Dans le jardin d'épices, vous trouverez les plantes très souvent mentionnées dans le carnet d'ordonnances du XVIIIᵉ siècle, visible à la pharmacie. Retournez maintenant sur vos pas, prenez à gauche et traversez le passage. L'entrée des impressionnantes salles de l'hospice médiéval, l'église et la chapelle attenantes, le grenier Dixmude et l'ancien dortoir se trouvent sur votre côté droit.

Remise

Promenade 2
Bruges :
avec le « B » de Bourguignon

Mausolée de Marie de Bourgogne,
Église Notre-Dame

Quand le duc Philippe II de Bourgogne, dit « le Hardi », s'est marié au XIVᵉ siècle avec Marguerite III de Flandre, héritière des comtés de Flandre, la Flandre a subitement appartenu à la Bourgogne. La cour de Bourgogne séjournait volontiers dans la ville portuaire et Bruges devint un pôle d'attraction pour les nobles, les commerçants et les artistes qui voulaient leur part de sa richesse. Un héritage bourguignon qui perdure aujourd'hui. Découvrez une ville septentrionale au charme méridional.

PROMENADE 2

» DÉPART

Guido Gezelleplein,
Église Notre-Dame

» DISTANCE

2,5 km

» FIN DE PARCOURS

Prinsenhof

••••
Route alternative

De la Guido Gezelleplein au Markt

Assis sur un banc de la Guido Gezelleplein, nommée d'après le prêtre-poète (1830-1899) dont la statue orne cette place, vous avez une belle vue sur la façade latérale de l'église Notre-Dame **15** **32**. Avec son clocher en brique haut de 115,5 mètres, elle est l'exemple du savoir-faire des bâtisseurs brugeois. À l'intérieur, vous pouvez admirer la riche collection d'art, de la mondialement célèbre *Vierge à l'Enfant* de Michel-Ange aux mausolées des XVe et XVIe siècles de Marie de Bourgogne et de Charles le Téméraire. À gauche, vous remarquez la demeure singulière des seigneurs de Gruuthuse. Elle abrite de nos jours le Musée Gruuthuse **25** qui après des années de travaux de rénovation intérieure et extérieure, rouvrira ses portes ce printemps. Le puits (qui n'est pas visible depuis la Guido Gezelleplein) et la tour sont des signes extérieurs de richesse qui témoignent du faste de la

LE SAVIEZ-VOUS

Depuis plus de 10 ans, les tours de l'église Notre-Dame et de la cathédrale Saint-Sauveur sont des nichoirs de prédilection pour un couple de faucons pèlerins. Ces rapaces ultrarapides sont appréciés parce qu'ils sont une arme idéale dans la lutte contre les nuisances causées par les... pigeons.

famille Gruuthuse. Une richesse qu'ils amassèrent grâce à leur droit exclusif sur le « gruut (gruit) », un mélange d'herbes qui, bien avant le houblon, servait d'aromate pour brasser la bière. Louis de Gruuthuse commandait de surcroît l'armée du duc Charles le Téméraire et était le garde du corps personnel de sa fille, Marie de Bourgogne. En outre, il était amateur d'art et propriétaire du « manuscrit Gruuthuse », une célèbre compilation médiévale qui contient 147 chants et qui porte son nom.

La devise familiale « Plus est en vous » s'affiche fièrement au-dessus de la porte de la demeure. De nos jours, nous traduirions cela par « Vous pouvez toujours plus que ce que vous pensez ! ». *(Plus d'infos sur le nouveau Musée Gruuthuse pages 53 et 64)*

Suivez maintenant le petit sentier qui conduit à gauche de l'église. Il se peut que ce chemin ne soit pas accessible en raison de travaux de restauration (jusqu'au printemps 2019). Quand, juste après le tournant, vous levez les yeux, vous voyez qu'un oratoire relie étroitement le Gruuthuse à l'église Notre-Dame. En effet, les seigneurs de Gruuthuse ne se mélangeaient pas au peuple mais disposaient d'une chapelle privée d'où ils pouvaient écouter la messe en toute intimité.

Revenez sur vos pas et pénétrez sur la superbe cour intérieure de Gruuthuse (à partir de ce printemps, vous pourrez traverser le nouveau pavillon d'accueil en verre). En traversant la place, vous longez le puits. Quittez la cour

par la porte et obliquez à droite dans la rue Dijver. Au numéro 12 se trouve le Musée Groeninge **24**, le musée le plus célèbre de Bruges. *Retrouvez pages 104-107 notre entretien avec son conservateur, Till-Holger Borchert.* Un peu plus loin, le long de la rue Dijver, aux numéros 9 à 11, se trouve l'un des sites du Collège d'Europe **02**, un centre international postuniversitaire axé sur l'Europe.

Poursuivez le long de la rue Dijver et prenez la première rue à gauche, la Wollestraat. Au coin de la Wollestraat, côté droit, vous ne pouvez pas ne pas voir l'imposante maison patricienne Perez de Malvenda **13**. Cette demeure, dont les origines remontent au XIIIe siècle, a été restaurée de la cave jusqu'au faîte et abrite aujourd'hui un commerce d'alimentation. Juste avant le Markt se trouvent les Halles **09** qui appartiennent au Beffroi **05** et qui servaient d'entrepôt et de lieu de vente. Côté rue se trouvaient, longtemps après la période bourguignonne, de nombreux

LA BONNE HEURE

Sur la Grand-Place (Markt), au-dessus de la maison d'angle Bouchoute, datant du gothique tardif (à présent occupée par le salon de thé Meridian 3), se trouve une sphère dorée à la feuille d'or. Lorsque la ligne de chemin de fer Bruxelles-Gand-Bruges a été inaugurée, on a constaté que les horloges belges n'indiquaient pas la même heure. Une lacune qui a été comblée par le professeur Quetelet. Il détermina un méridien en installant un instrument méridien dans différentes

Markt

villes qui indiquerait l'heure de midi de façon indiscutable. Cette « méridienne » a été installée à Bruges en 1837. Elle traverse le Markt en diagonale et est aujourd'hui visible en raison de ses nombreux clous en cuivre. Quand l'ombre de la sphère dorée tombe droit sur la ligne des 12 heures, il est midi, heure solaire locale.

étals où l'on vendait des herbes, des médicaments et autres mélanges d'épices. Grâce à son statut commercial, Bruges était en mesure de réunir et de vendre des épices des quatre coins de l'Europe.

Le Markt, cœur battant de Bruges

Par la Wollestraat vous parvenez sur le Markt.

Le Markt est dominé par le Beffroi **05**, le monument de prestige de la ville et

CONSEIL

Reprenez votre souffle pendant l'ascension de la « Halletoren » (le Beffroi) en vous arrêtant par exemple dans la salle voûtée médiévale du trésor où étaient conservés la charte, le cachet et la caisse de la ville. Vous pouvez faire une seconde halte sur le « Stenen Vloer » ou « sol de pierre » : vous y apprendrez comment fonctionnent l'horloge, le tambour et le carillon avec ses 47 cloches mélodieuses, équivalents de 27 tonnes de bronze.

Avec un peu de chance, vous pourrez voir tout en haut, à quelques marches des cloches, le carillonneur jouer des poings sur le clavier. *Des concerts de carillon gratuits sont organisés chaque semaine. Plus d'infos page 83.*

la tour de guet idéale en temps de guerre, d'incendie ou de calamité. Il est toujours possible de la gravir jusqu'au sommet : une ascension de 366 marches avec quelques haltes prévues pour reprendre son souffle. Vos efforts seront récompensés par la découverte d'un panorama inoubliable. Pratiquement au milieu de la place se dresse la statue de Jan Breydel et Pieter de Coninck, deux héros populaires brugeois qui, depuis la publication du roman historique du XIXᵉ siècle *Le Lion des Flandres*, jouissent d'un regain de popularité auprès du grand public en raison du rôle qu'ils ont joué dans la résistance flamande contre la domination française en 1302. Le monument offre une belle vue sur la Cour provinciale **19** néogothique (Markt 3). De ce côté du Markt se dressait, jusqu'à la fin du XVIIIᵉ siècle, la Waterhalle, un entrepôt couvert où l'on chargeait et déchargeait à grand renfort de main-d'œuvre. Le canal passait le long du Markt et au-delà. C'est toujours le cas bien qu'il soit aujourd'hui souterrain et recouvert. Besoin d'une pause ? Offrez-vous un tour en calèche et explorez la ville pendant une demi-heure derrière un cheval *(voir page 47)* ou pendant 30 minutes également, confortablement assis dans un vélo-calèche *(voir page 50)*. À moins que vous ne préfériez un City Tour de 50 minutes en minibus *(voir page 48)*. Vous pourrez ensuite poursuivre cette promenade.

(voir page 47) ... *(voir page 50)* ... *(voir page 48)*

CONSEIL

Depuis 1897, deux baraques à frites peintes en vert resplendissent devant le Beffroi. Un emplacement privilégié qui leur vaut de vendre chaque année plusieurs tonnes de pommes de terre. Les frites peuvent se déguster pratiquement à n'importe quelle heure du jour ou de la nuit.

Du Markt à la Jan van Eyckplein

Laissez le Markt sur votre gauche et continuez tout droit jusqu'à la Vlamingstraat.

C'est au XIIIᵉ siècle que cette rue est devenue la rue commerçante du quartier portuaire. On y trouvait de nombreuses filiales de banque et des tavernes à vin qui disposaient d'une vaste cave pour pouvoir stocker les fûts de vin français

Vlamingstraat

DES CYGNES SUR LES CANAUX

Après la mort de la bien-aimée Marie de Bourgogne (1482), Bruges a vécu des temps difficiles.
Quand son successeur, Maximilien d'Autriche, a
voulu contraindre les Brugeois au paiement d'un
nouvel impôt, le peuple s'est soulevé. Maximilien
a été emprisonné dans la maison Craenenburg
(Markt 16) et dut assister, impuissant derrière
une fenêtre grillagée, au supplice et à la décapi-
tation de son bailli, le prévôt et fidèle conseiller
Pieter Lanchals (« lanchals » signifiant « long
cou » en vieux néerlandais). Selon la légende,
lorsque le duc revint au pouvoir, les citadins, par esprit de vengeance, l'ont obligé
à entretenir des « longs cous », c'est-à-dire des cygnes, sur les canaux. Mais,
dans la réalité, il y avait déjà des cygnes à Bruges au début du XVe siècle. Sym-
boles de prestige, ils étaient protégés par privilège urbain.

et du Rhin qui étaient déchargés. Sous
les voûtes médiévales de la taverne Cu-
riosa (Vlamingstraat n° 22), vous pouvez
encore humer l'atmosphère de
l'époque. Environ au milieu de la Vlamingstraat apparaît sur votre gauche
l'élégant Théâtre municipal royal **41**

(1869), l'un des théâtres municipaux les
mieux conservés d'Europe. Derrière sa
façade néo-renaissance se trouve une
salle de théâtre majestueuse et un foyer
aux allures de palais. Le personnage
mozartien de Papageno garde l'entrée,
sa partition est posée sur la petite place
de l'autre côté.

**Continuez tout droit et tournez à droite
juste avant l'eau pour entrer dans la
rue Kortewinkel.**
Découvrez ici, quelque peu dissimulée
des regards, une exceptionnelle façade
en bois du XVIe siècle, l'un des deux
exemplaires authentiques que compte
encore la ville (nous rencontrerons
l'autre façade plus loin au cours de
cette promenade). Quelques mètres
plus loin, au numéro 10, vous faites une
autre superbe découverte. L'ancienne

maison des Jésuites **09** établie ici dispose d'un magnifique jardin intérieur caché. Si la porte est ouverte, vous pouvez entrer et goûter un délicieux moment de quiétude.

La rue Kortewinkel devient le Spaanse Loskaai, port d'attache des marchands espagnols jusqu'à la fin du XVIe siècle.

Le pont des Augustins que vous dépassez à gauche, est, du haut de ses sept cents printemps, l'un des plus anciens ponts de Bruges. Les petits sièges en pierre étaient utilisés à l'origine par les vendeurs comme des étals. Depuis le pont, vous avez une belle vue sur la maison d'angle à droite qui relie la Spanjaardstraat à la rue Kortewinkel. Il s'agit de l'ancienne Huis de Noodt Gods, une maison hantée selon les Brugeois : un prêtre dont les avances furent repoussées par une nonne, la tua et se suicida ensuite. Dès lors, ils continuèrent à hanter pendant des années la maison délabrée...

Poursuivez la promenade par la Spaanse Loskaai, prenez la première rue à droite et arrêtez-vous sur l'Oosterlingenplein.

Pendant le Siècle d'or, c'était l'endroit attitré des orientaux, des marchands allemands qui faisaient des affaires en ville. Leur maison nationale embrassait l'angle gauche tout entier. Ses vestiges d'aujourd'hui, le bâtiment à droite de l'Hôtel Bryghia, donnent une idée de sa gloire d'antan.

Par l'Oosterlingenplein, vous arrivez au Woensdagmarkt avec la statue du peintre Hans Memling. Quittez la place sur la droite par la rue Genthof.

Vous admirez ici la seconde façade médiévale en bois authentique. Remarquez que chaque étage dépasse un peu plus celui d'en dessous. Une technique de construction qui visait surtout à éviter les dégâts des eaux (et d'offrir plus d'espace), et qui a été copiée à de nombreuses reprises.

Genthof

CONSEIL

La rue Genthof est devenue au fil du temps un lieu de rassemblement artistique. Vous y trouverez un souffleur de verre, un magasin vintage branché et plusieurs galeries contemporaines très en vue.
À l'angle avec la rue Langerei, ne manquez pas 't Terrastje, sans doute la plus petite terrasse de la ville.

Jan Van Eyckplein (à gauche : la demeure De Rode Steen)

Le Manhattan bourguignon

Continuez la promenade jusqu'à ce que vous arriviez sur la Jan van Eyckplein.
Cette place était le Manhattan de la Bruges bourguignonne. On y amarrait les navires, on les y chargeait, déchargeait et payait le péage. Un grouillement d'activités avec en fond sonore une cacophonie de langues, chacune plus bruyante que l'autre. Lors de chaque transaction, on entendait certainement aussi quelques sonorités brugeoises car un courtier brugeois se devait toujours d'être présent. Ce dernier n'oubliait pas d'empocher sa commission. À l'angle, au numéro 8, resplendit la demeure De Rode Steen, construite au XVIe siècle, qui eut les honneurs en 1877 d'être le premier bâtiment de Bruges à être restauré grâce aux subventions de la ville. Un peu plus loin, aux numéros 1 et 2, vous apercevez l'Octroi ou Tonlieu `05` `22`, qui était à l'origine la maison d'un important marchand de la ville construite au début du XIIIe siècle et dans laquelle, depuis le XVe siècle, se réglaient les comptes du péage sur les marchandises de provenance interrégionale ou internationale. Sur le flanc gauche de cet édifice, se dresse la Rijkepijndershuisje, la maison la plus étroite de Bruges, dans laquelle se réunissaient les *rijkepijnders*, chargés de surveiller le travail des dockers embauchés pour charger et débarquer les marchandises et barils. Remarquez certains de ces *pijnders* sur la façade.

Quittez la place et continuez tout droit dans l'Academiestraat.
Juste au coin de la Jan van Eyckplein se trouve la Loge des Bourgeois `16`, un édifice du XVe siècle avec une tour étonnante et à l'intérieur duquel se réunissaient les bourgeois de Bruges (citoyens et commerçants). Dans une niche murale, on peut admirer l'Ours de Bruges, un symbole important de la ville. De 1720 à 1890, la Loge des Bourgeois abritait l'Académie municipale des beaux-arts,

OURS DE BRUGES

Lorsque Baudouin Bras de Fer, le premier comte de Flandre, a visité Bruges pour la première fois, au IXᵉ siècle, le premier habitant qu'il a rencontré, d'après la légende, était un gigantesque ours brun au pelage couvert de neige. Après un violent combat, il parvint à tuer l'animal et pour lui rendre hommage l'éleva aussitôt au rang de symbole de la ville. De nos jours, ce résident le plus vieux de la ville qui repose dans une niche de la Loge des Bourgeois, est revêtu d'un habit de fête pour les occasions exceptionnelles. L'Ours de Bruges arbore le blason de la « Société de l'Ours Blanc », fondée peu après que Baudouin Iᵉʳ ait vaincu l'ours couvert de neige, et qui se réunit dans la « Loge des Bourgeois » (Poortersloge).

dont la collection a plus tard formé le fond du Musée Groeninge. De 1912 à 2012 les Archives de l'État étaient gardées dans ce bâtiment.

Continuez jusqu'à la Grauwwerkersstraat. La place entre l'Academiestraat et la Grauwwerkersstraat a été connue sous le nom de « Beursplein », place de la Bourse.
Un lieu d'intenses échanges commerciaux. Les Loges de Gênes (rebaptisées plus tard « Saaihalle » 08 , aujourd'hui reconverties en Musée de la frite 21), de Florence (actuel restaurant De Florentijnen) et de Venise (poolbar The Monk) cohabitaient pacifiquement les unes à côté des autres. Devant la maison Ter Beurse 11 (1276), l'auberge centrale, se rassemblaient des marchands de tous pays pour mettre au point leurs accords commerciaux et leurs transactions de change. Le nom de cette maison est à l'origine du mot néerlandais « beurs », bourse. Un terme qui a été repris dans plusieurs autres langues.

Prenez la Grauwwerkersstraat et arrêtez-vous aussitôt.
La façade latérale de la maison Ter Beurse 11 , plus particulièrement la partie située entre les deux fenêtres du rez-de-chaussée, se distingue par les signatures des tailleurs de pierre qui permettaient de savoir quel artisan avait taillé quelle pierre et qui devait re-

LES CANCANS DE LA PRINSENHOF

> Parce qu'il n'avait pas encore vu sa future épouse (Isabelle de Portugal), Philippe le Bon envoya Jan van Eyck au Portugal pour qu'il peigne son portrait et lui donne ainsi une idée de son visage. Il semble que le roi a été tout de suite rassuré et l'histoire a montré que le couple avait vécu heureux.

> Bien que la populaire Marie de Bourgogne n'ait souffert que d'une légère fracture après une malencontreuse chute avec son cheval, elle devait mourir peu après à la Prinsenhof des suites d'un poumon perforé car il n'existait pas, à l'époque, de remèdes contre les infections.

> Pendant les transformations de l'hôtel de la Prinsenhof, on déterra pas moins de 578 pièces d'argent frappées entre 1755 et 1787. Un rapide calcul nous apprend que les énergiques religieuses anglaises qui habitaient à cet endroit, avaient confié toutes leurs économies à la terre pour éviter qu'elles ne soient saisies par les troupes françaises en marche.

cevoir quel paiement. L'habitation à côté de la maison Ter Beurse (Kleine Beurse – Petite Bourse) se trouve encore au niveau initial de la rue.

Tournez un peu plus loin à gauche dans la Naaldenstraat.
Sur le côté droit, vous remarquez de loin la charmante tour de la Cour Bladelin **09** . Le maître bâtisseur Pieter Bladelin (portraituré au-dessus de la porte, priant la Vierge Marie) a d'abord loué son logement avant de le vendre à la famille de banquiers florentine des Médicis qui, au XVe siècle, tenait une filiale de

banque à cet endroit. De nos jours, la résidence est la propriété des sœurs de Notre-Dame des Sept-Douleurs.

Un peu plus loin, au pied de la tour ornementale suivante, tournez à droite et admirez la Boterhuis (Maison du beurre) qui vous transporte au Moyen

09

CONSEIL

Derrière la Boterhuis, au numéro 36 de la Sint-Jakobsstraat, se trouve le Cinéma Lumière **15**, la salle préférée des cinéphiles brugeois.

Âge. Restez ensuite sur la droite et, juste avant l'église Saint-Jacques, tournez à gauche dans la Moerstraat.
Les ducs de Bourgogne et presque tous les marchands étrangers fréquentaient cette église Saint-Jacques **22**. Leurs dons faramineux ont permis quelques décorations fastueuses.

La Prinsenhof (Cour des Princes), port d'attache des ducs de Bourgogne

Prenez la prochaine rue à gauche, la Geerwijnstraat jusqu'à la Muntplein.
La Muntplein faisait partie du domaine de la Prinsenhof **17**, situé un peu plus loin. C'est ici qu'on battait la monnaie. La statue *Flandria Nostra* (Notre Flandre), qui représente une courtisane à cheval, est une création du sculpteur belge Jules Lagae (1862-1931).

Au bout de la rue, vous tournez à droite dans la Geldmuntstraat pour atteindre un peu plus loin la Prinsenhof.
Notre promenade s'achève sur un des bâtiments les plus emblématiques de Bruges. La Prinsenhof était le palais des comtes de Flandre et des ducs de Bourgogne. Cet impressionnant monument, à l'origine sept fois plus grand qu'aujourd'hui, a été agrandi au XVe siècle par Philippe le Bon pour célébrer son (troisième) mariage avec Isabelle de Portugal. Il abritait également un petit parc animalier. Lorsque Charles le Téméraire se remaria avec Marguerite d'York, la cour fut agrandie

du plus grand établissement de bains d'Europe et d'un terrain de jeu de paume. Aussi était-ce la résidence favorite des ducs et, très vite, leur centre politique, économique et culturel. Philippe le Bon (†1467) et Marie de Bourgogne (†1482) sont morts à la Prinsenhof. Après la mort de la populaire Marie de Bourgogne, la résidence a commencé à péricliter puis est tombée entre des mains privées, avant que des religieuses anglaises ne la transforment au XVIIe siècle en un internat pour jeunes filles riches. Aujourd'hui, la Prinsenhof abrite un hôtel de luxe.

CONSEIL

Pour avoir une vue privilégiée sur ce château urbain et son magnifique jardin, suivez les panneaux dans la rue Ontvangersstraat vers le parking de l'hôtel, au numéro 27 de la Moerstraat. Vous pouvez bien sûr en profiter pour offrir, à vous et à ceux que vous aimez, un apéritif au bar du Dukes' Palace Hotel et vous enivrer des fastes de son surprenant décor.

Promenade 3
La Bruges des pas perdus

Vesten

Les quartiers Sainte-Anne et Saint-Gilles ont beau être considérés comme des endroits paisibles de Bruges, on y trouvera, à l'écart des sentiers battus, nombre de curiosités touristiques qui valent la visite. Que diriez-vous par exemple d'une magnifique rangée de moulins nostalgiques, de quartiers ouvriers modestes ou d'une série de clubs exclusivement réservés aux hommes ? Pour pouvoir assimiler tranquillement toutes ces nouvelles impressions, nous vous laissons, en fin de parcours, reprendre votre souffle dans le plus ancien café de Bruges !

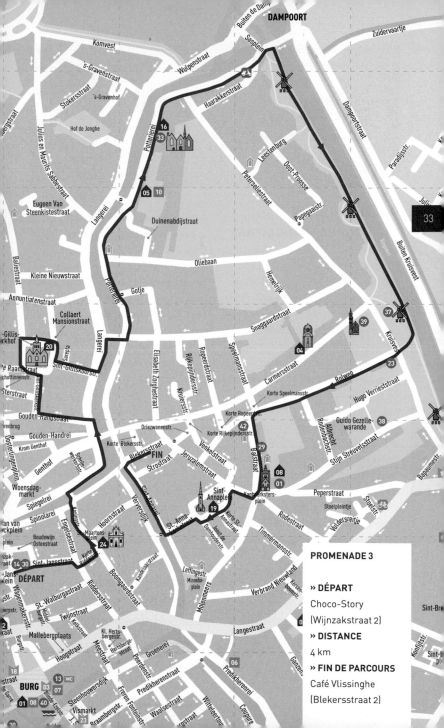

DAMPOORT

33

PROMENADE 3

» DÉPART
Choco-Story
(Wijnzakstraat 2)

» DISTANCE
4 km

» FIN DE PARCOURS
Café Vlissinghe
(Blekersstraat 2)

Koningsbrug

De Choco-Story à la Gouden-Handstraat

Pas de meilleur endroit pour débuter la plus longue promenade de ce guide que Choco-Story (Musée du chocolat) **14**. Ce musée ne vous plonge pas seulement dans l'histoire appétissante du chocolat et du cacao, il vous offre aussi l'occasion de prendre le temps d'en déguster et de faire des provisions. Une fois ragaillardi par le chocolat, vous marcherez d'un meilleur pas ! À la même adresse, vous trouvez aussi Lumina Domestica **30**, le musée abritant la plus grosse collection de lampes au monde et pas moins de six-mille antiquités.

Prenez à gauche la Sint-Jansstraat, traversez vers la Korte Riddersstraat et continuez jusqu'au bout de la rue.
Apparaît alors devant vous l'imposante église Sainte-Walburge **24**. Cette magnifique église baroque (1619-1642) dispose d'une table de communion en marbre et d'une chaire remarquables. Juste à proximité, au numéro 5, vous découvrirez un bel hôtel particulier du XVIIIe siècle.

Poursuivez la promenade par la Koningstraat jusqu'au pont.
Depuis ce pont qui relie le poétique Spinolarei au Spiegelrei, vous avez une belle vue sur la place Jan van Eyck *(pour plus d'informations, voir Promenade 2, pages 28-29)*. Ne manquez pas au numéro 3 de la Spiegelrei, Oud Huis Amsterdam, une maison patricienne historique qui est devenue un hôtel élégant. Ce secteur était autrefois habité en majeure partie par des Anglais et des Écossais. Les Anglais disposaient de leur propre appontement dans le Spinolarei, où leurs marchandises étaient déchargées. L'escalier existe toujours et la rue qui y est reliée a, en toute logique, était baptisée la rue des Anglais, Engelsestraat. L'imposant bâtiment scolaire blanc (Spiegelrei 15) de l'autre côté du pont est l'ancien Collège des jésuites anglais.

Saint-Gilles, port d'attache des travailleurs et des artistes

Franchissez le pont, gardez votre droite puis tournez à gauche après la

quatrième rue, dans la Gouden-Handstraat.

La Gouden-Handstraat et la paroisse Saint-Gilles étaient connues au XVe siècle comme le quartier des artistes. Même si Hans Memling habitait quelques rues plus loin, dans la Sint-Jorisstraat, Jan van Eyck avait un atelier dans la Gouden-Handstraat et ses collègues peintres un peu moins connus s'y rencontraient également.

Tournez tout de suite à droite et entrez dans la Sint-Gilliskerkstraat.

Cette rue prend fin à l'église Saint-Gilles , le cœur du tranquille quartier Saint-Gilles. Originellement construit comme une chapelle, le bâtiment a été élevé en 1258 au rang d'église paroissiale. Malgré son intérieur néo-gothique et de superbes peintures, elle ressemble davantage à

une simple et robuste église de village. Mais ne vous y trompez pas. Dans et autour de cette église furent enterrés plusieurs peintres célèbres. De Hans Memling (†1494), le peintre le mieux payé de son époque, à Pieter Pourbus (†1584) en passant par Lanceloot Blondeel (†1561). Leurs tombes et le cimetière ont depuis disparu mais leurs âmes d'artiste planent encore sur ces lieux.

Faites le tour de l'église et empruntez la Sint-Gilliskoorstraat.

Bien que les maisons d'ouvriers dans cette rue et les rues avoisinantes soient relativement petites, elles ont généralement une fenêtre condamnée. En 1800, un impôt fut prélevé sur les fenêtres, en sorte qu'un grand nombre d'ouvertures disparurent subitement pour toujours.

Woensdagmarkt

BRUGES ET LA MER

Le Langerei a été garant pendant des siècles de la richesse de Bruges. À Damme, ce canal était relié à travers une grosse écluse, la Speie, au chenal profond du Zwin. Tandis que Damme se développa comme un avant-port, Bruges devint en plein Moyen Âge le principal centre commercial d'Europe du nord-ouest. Les arts et la culture florissaient et la prospérité paraissait éternellement assurée. Les temps changèrent brusquement à la mort soudaine de Marie de Bourgogne en 1482. Les relations entre Bruges et les Bourguignons se détériorèrent et la cour de Bourgogne quitta la ville. Elle entraîna dans son sillage les marchands étrangers et leur richesse. Le Zwin continua de s'ensabler et Bruges perdit sa position commerciale privilégiée. La ville entra dans une longue période d'hibernation après une série d'intrigues politiques.

Du Potterierei aux Vesten (remparts)

À la fin de la rue, tournez à gauche dans le Langerei pour traverser aussitôt par le premier pont, le beau Snaggaard-brug, en direction du Potterierei, où vous tournez à gauche et poursuivez votre chemin sur une bonne distance. Après avoir parcouru une bonne partie du Potterierei, vous remarquez sur votre droite le Grand Séminaire de Bruges (numéro 72) **05**. Un endroit unique dans la ville, avec un verger luxuriant et des prés où paissent des vaches. C'est à cet endroit que fut fondée entre 1628 et 1642 une nouvelle abbaye cistercienne (l'Ab-

baye des Dunes) qui allait devenir célèbre en raison de la richesse et de l'érudition de ses habitants. Durant la révolution française, l'abbaye fut nationalisée et l'abbé et ses moines ont été chassés. Les bâtiments de l'abbaye du XVIIᵉ siècle ont successivement servi d'hôpital militaire, d'entrepôt militaire et d'athénée royal, avant d'abriter en 1833 le Grand Séminaire où des prêtres catholiques ont été formés jusqu'en 2018. Aujourd'hui, le Grand Séminaire est un centre de formation pour l'évêché qui abrite également un Institut de recherche et d'entraînement de l'Université des Nations Unies 10. Quelques mètres plus loin, se cache l'Hôpital Notre-Dame de la poterie (numéro 79B) 16 33. Dès le XIIIᵉ siècle, des religieuses dévouées y soignaient les pèlerins, les voyageurs et les malades. Une maison de retraite a été construite à partir du XVᵉ siècle. Vous pouvez aujourd'hui visiter l'église gothique, son intérieur baroque ainsi que la riche collection d'œuvres d'art constituée au fil des siècles par l'hôpital. Une perle bien dissimulée que le grand public n'a pas encore découverte !

Promenez-vous jusqu'à ce que vous arriviez à l'écluse.
D'ici, vous découvrez l'amorce du canal Damse Vaart qui se prolonge de l'autre côté du périphérique et qui conduit à la tout aussi romantique ville de Damme. Cette petite localité idyllique a jadis été le théâtre de nombreux combats. Jusqu'à la guerre de Quatre-vingts Ans,

> ### CONSEIL
> Êtes-vous devenu curieux ou plutôt en quête de tranquillité ? Embarquez-vous pour un tour sur le « Lamme Goedzak » 🚢 et voguez avec style jusqu'à Damme. Un aller-retour nostalgie.
> *(Pour en savoir plus, lire page 51)*

Bruges était reliée à Sluis (aux Pays-Bas) par Damme. L'ambitieux Napoléon fit draguer la liaison avec le chenal du Zwin, prédécesseur naturel du Damse Vaart, par des prisonniers de guerre espagnols afin de pouvoir disposer d'un tracé fluvial conduisant jusqu'à Anvers. Il pouvait ainsi transformer cette ville portuaire en base navale et éviter les

Sasplein

blocus perturbateurs des Anglais. Damme fut coupée en deux. Finalement, les projets ambitieux du petit général ne se sont jamais réalisés. En 1814, la chanson de Napoléon s'était tue dans nos régions. Sous l'impulsion de Guillaume Ier, Roi des Pays-Bas, qui voyait aussi une utilité à un tel canal de liaison, on continua de creuser jusqu'en 1824. L'indépendance belge (1830) finit par faire échouer tout le projet à Sluis. De nos jours, vous pouvez emprunter le bel itinéraire qui mène à Damme le long du canal grâce à la piste cyclable parallèle. Une excursion vivement recommandée car elle traverse le plat pays chanté par Jacques Brel avec tant de sensibilité.

Une portion poétique du canal, délimitée par des peupliers de plusieurs mètres de haut, courbés par l'incessant vent d'ouest, au milieu d'un paysage de polders.

Prenez à droite et baladez-vous le long des « Vesten », la ceinture de verdure qui entoure la ville.
Au XVIe siècle, au moins 30 moulins tournaient sur ces remparts. Aujourd'hui, il en reste exactement quatre exemplaires. À partir du XVIIIe siècle, les meuniers virent la consommation du pain chuter à cause de l'arrivée de la pomme de terre dans les assiettes et l'apparition des machines à vapeur qui

LA GUILDE DES ARCHERS, BON POUR 120 HOMMES ET 2 QUEENS !

Ce quartier qui au XIXe siècle était un des plus pauvres de Bruges, compte aujourd'hui deux clubs de tir séculaires. Installée en hauteur et au sec sur la pente du Moulin Sint-Janshuis, vous apercevez en bas à gauche la Guilde des arbalétriers de Saint-Georges **38**, une guilde pratiquant exceptionnellement deux disciplines : le tir à la perche verticale à l'extérieur et le tir sur cible à l'intérieur. À droite siège la Guilde des Archers de Saint-Sébastien **39**, avec une tour étonnamment gracieuse. Cette dernière est vieille de plus de 600 ans, ce qui la rend unique au monde. La société compte à peu près 120 membres masculins et deux éminents membres féminins : la reine d'Angleterre et Mathilde, la reine belge. Depuis que Charles II, roi d'Angleterre en exil au XVIIe siècle, a choisi Bruges comme lieu de résidence, il existe un lien étroit entre la famille royale britannique et Bruges. Au sein de la Guilde des Archers, Charles a fondé les Grenadiers Guards et The Life Guards Regiment britanniques. Pour visiter la Guilde des Archers de Saint-Sébastien, prenez rendez-vous via le site www.sebastiaansgilde.be.

se substituèrent aux meuniers. Vous pouvez encore visiter l'un des moulins, le Moulin Sint-Janshuis **37**. Un meunier ne vous expliquera pas seulement son fonctionnement, il vous montrera aussi comment moudre. Grimpez, dans tous les cas, au sommet des versants sur lesquels les moulins Sint-Janshuis et Bonne Chiere (juste à côté de la Kruispoort **12**) vous font face. Ce tertre à moulins offre un panorama splendide sur la ville de Bruges. Une manière idéale de rafraîchir les connaissances que vous venez d'acquérir. Et il y a encore bien d'autres choses à voir ! En bas sur la droite se trouve le Verloren Hoek

---

CONSEIL

Allez jeter un œil dans la rue Albrecht Rodenbach, un joyau caché. Cette ruelle du quartier des jardins offre une succession de pignons à redans et autres façades. Chacune étant dotée sur le devant d'un ravissant petit jardin.

– le « Coin perdu » – de nos jours un authentique quartier populaire, mais au XIXᵉ siècle un quartier mal famé et pauvre dans lequel la police elle-même n'aimait pas s'aventurer.

Un Bruges paisible

Descendez la pente et prenez aussitôt à droite, le Rolweg.

Juste à l'angle se trouve le Musée Gezelle **23**, la maison natale de Guido Gezelle (1830-1899), l'un des plus célèbres poètes flamands. Vous trouvez ici des lettres manuscrites, du matériel d'écriture et un jardin calme et charmant avec un pin de Corse vieux de plusieurs siècles. Les parents du poète travaillaient comme jardinier et concierge en échange de la nourriture et du logis pour toute la famille. C'est dans cet environnement idyllique que grandit le jeune Guido qui, après des pérégrinations dans d'autres villes, revint s'installer à Bruges. Il a été vicaire de l'église Sainte-Walburge **24** et prit la direction du couvent anglais **04** où il mourut. On dit que ses dernières paroles furent : « *J'aimais tellement entendre chanter les oiseaux* ». Ici, dans le quartier le plus vert de la ville, on comprend immédiatement ce que le prêtre-poète voulait dire par cela.

Prenez la deuxième rue à gauche, la Balstraat.

Cette petite rue ouvrière pittoresque abrite le Musée de la vie populaire **42**. Une rangée de Maisons-Dieu du XVIIe siècle a été restaurée et transformée en véritables intérieurs artisanaux, de la chapellerie à la classe d'école en passant par la confiserie. Vous pouvez donc y observer la vie de

Café Vlissinghe

l'époque. D'ici, vous remarquez tout de suite le clocher de la chapelle de Jérusalem **08** du XVᵉ siècle. La chapelle fut édifiée sur une commande de la famille Adornes, une lignée de commerçants brugeois de premier plan originaires de Gênes qui possédaient une magnifique maison de maître dans la Peperstraat **01**. En 1470, le père Anselm Adornes s'était rendu à Padoue pour chercher son fils, l'un de ses seize enfants, et continuer son pèlerinage jusqu'à la Terre promise. De retour sur le sol flamand, ils décidèrent de construire à cet endroit la réplique du Saint Tombeau. Le résultat est pour le moins surprenant ! Dans le domaine Adornes **01** annexe, vous faites plus ample connaissance avec l'éminente famille et son histoire étonnante.

Au carrefour, prenez la voie de droite et empruntez la Jeruzalemstraat pour tourner ensuite, au niveau de l'église, à gauche en direction de la Sint-Annaplein.
Admirez l'église Sainte-Anne **19**, dont la modestie et la sobriété extérieure cachent l'un des plus beaux intérieurs baroques de toute la ville. À mesure que le quartier s'enrichissait, l'église devenait toujours plus somptueuse.

Laissez l'église derrière vous et allez tout droit, dans la Sint-Annakerkstraat pour prendre un peu loin à droite le Sint-Annarei.
À l'angle où les deux cours d'eau se rejoignent, s'offre au regard une des plus belles maisons rococo de Bruges (Sint-Annarei 22). Installez-vous ici sur un banc ombragé et profitez de ce panorama exceptionnel.

Revenez un petit peu sur vos pas et engagez-vous dans la Blekersstraat qui débouche sur le pont.
Au numéro 2, le presque légendaire café Vlissinghe, le plus ancien de Bruges. Depuis 1515, le bâtiment n'a jamais cessé d'abriter une auberge. Un lieu chargé d'histoire à l'atmosphère très conviviale. Idéal pour laisser décanter les impressions de la journée en s'aidant ou non d'une savoureuse bière locale. Santé !

Une histoire brugeoise

Bien que la région de Bruges fût déjà occupée du temps des Romains, le nom de Bruges est apparu pour la première fois au IXe siècle, peut-être dérivé de l'ancien allemand « brugj », qui signifie « embarcadère ». L'histoire de Bruges est étroitement liée à la mer tant l'eau a joué un rôle crucial dans son développement. Plusieurs cours d'eau se sont réunis pour former une rivière (la Reie), qui débouche au nord dans la plaine côtière et qui communique avec la mer du Nord au travers des « chenaux de marée », gage de réussite et prospérité.

En raison de son emplacement favorable et de sa communication avec la mer, la ville de Bruges s'est développée au début du Moyen Âge en un port commercial international et florissant. Concomitamment, la ville fortifiée est devenue un puissant bastion politique grâce à la présence des comtes flamands qui administraient le comté de Flandre depuis Bruges.

Au XIIIe siècle, Bruges pouvait s'enorgueillir d'être le centre commercial le plus important du nord-ouest de l'Europe. Des marchands de toute l'Europe s'y sont installés et la toute première bourse du monde y voit le jour. Les activités boursières se déroulaient sur une place devant l'immeuble appartenant à une famille de courtiers brugeois, les Van der Beurse. C'est ainsi que leur nom est lié à tout jamais aux activités financières (« Beurs » signifiant « bourse » en français). En dépit des calamités du Moyen Âge (les épidémies, le désordre politique ou les inégalités sociales), les Brugeois ont pu mener une vie prospère et la ville est devenue un pôle d'attraction très prisé. Vers 1340, le centre urbain ne comptait pas moins de 35 000 habitants.

Le Siècle d'or

La ville a continué de prospérer et au XVe siècle, son âge d'or, les affaires étaient encore plus florissantes. La Flandre appartenait au royaume des ducs bourguignons depuis la fin du XIVe siècle. Ces derniers agrandirent leur résidence à Bruges, en sorte que la ville est rapidement devenue une destination culturelle très prisée. Outre les draps traditionnels, de nombreux produits de luxe y étaient fabriqués et vendus. Des peintres célèbres tels que Jan van Eyck et Hans Memling – les grands primitifs flamands – y installent leurs ateliers. L'émulation artistique bat son plein et outre quantité de magnifiques églises et de maisons des nations uniques au

La Grand-Place au XVIIe siècle, avec à gauche
l'ancienne Waterhalle

La place du Bourg au XVIIe siècle, avec à gauche
l'ancienne cathédrale Saint-Donat et au centre,
l'ancienne façade du palais du Franc de Bruges

Les deux tableaux de Jan-Baptist Meunincxhove sont à admirer à l'Hôtel de ville, place du Burg.

monde, c'est également l'époque où l'Hôtel de ville monumental est achevé. L'essor de Bruges paraît illimité.

Le déclin

La mort soudaine de la bien-aimée souveraine Marie de Bourgogne, en 1482, marque pourtant le début du déclin. La relation entre les Brugeois et le veuf Maximilien d'Autriche devient si conflictuelle que la cour bourguignonne est forcée de quitter la ville, entraînant avec elle le départ des négociants internationaux. La communication de Bruges avec la mer s'est rapidement « ensablée ». L'âge d'or a cédé la place à de longs siècles de guerres et de changements de pouvoir. Après la proclamation d'indépendance de la Belgique (1830), Bruges était au milieu du XIXe siècle une ville considérablement paupérisée. Fait surprenant, c'est un roman qui va contribuer à sa renaissance.

La renaissance

Dans *Bruges la Morte*, de Georges Rodenbach (1892), Bruges est décrite comme une ville endormie dotée d'un charme mystérieux. Ce sont surtout les 35 photos qui servaient d'illustrations qui ont attisé la curiosité des lecteurs. Très vite, la richesse patrimoniale de Bruges est redécouverte. Un plan d'action prudemment conduit a permis l'essor du tourisme. Le désir d'être relié à la mer a abouti à la création d'un nouveau port maritime international à la fin du XIXe siècle, baptisé Zeebrugge.

Bruges aujourd'hui

Pendant la Première Guerre mondiale, Zeebrugge était la base navale des sous-marins allemands, dirigée depuis le quartier général établi sur le Markt de Bruges. Les deux guerres mondiales ont laissé le centre-ville historique quasiment intact, grâce à quoi l'attrait touristique de la ville n'a cessé de croître. L'UNESCO ne s'y est pas trompé en inscrivant, en l'an 2000, l'ensemble du centre-ville médiéval sur la Liste du patrimoine mondial. Le reste appartient à l'histoire.

Rozenhoedkaai

Bruges
par le bon chemin

Explorer Bruges

Canaux de Bruges

Certes, il est merveilleux de se perdre dans les rues sinueuses de Bruges. Mais il n'est pas moins agréable d'explorer la ville de manière plus active. Les opportunités ne manquent pas : avec un guide qui vous dévoilera ses lieux secrets lors d'une promenade à pied ou en vélo, un tour en bateau sur les canaux mystérieux ou une visite romantique en calèche. À moins que vous ne préfériez le minibus pour découvrir de façon rapide et confortable tous les sites incontournables de Bruges. Vous voulez rendre votre visite encore plus palpitante ? Faites le tour de la ville en courant, déplacez-vous sur un Segway moderne ou faites un survol inoubliable en montgolfière. Il y en a pour tous les goûts !

DEUX EXCURSIONS À NE PAS MANQUER
LES MYSTÈRES DES CANAUX
ET LE BERCEMENT DU BRUIT DES SABOTS

Les canaux sont pour ainsi dire les veines de Bruges. Rien n'est plus agréable que d'être ballotté par les flots tout en voyant défiler sous ses yeux les plus beaux endroits de la ville. Naviguer sur les canaux permet de découvrir les rendez-vous secrets des amoureux et les jardins dissimulés. Il est possible d'embarquer à bord d'un bateau à un des cinq débarcadères du centre-ville. Une balade en bateau dure une demi-heure.

Ou choisissez un tour en calèche le long des places séculaires et des ponts charmants. Pendant une demi-heure, découvrez les endroits les plus pittoresques de Bruges en vous laissant bercer par le bruit des sabots. Pendant le trajet, le cochet vous racontera tout ce qu'il faut savoir des endroits traversés et à mi-parcours environ, attelage et cochet feront brièvement halte au Béguinage.

🌊 Bruges en bateau

OUVERT > Départs garantis de mars à mi-novembre : en principe tous les jours, 10h-18h, dernier embarquement à 17h30
PRIX > 10 € ; enfants de 4 à 11 ans : 6 € ; gratuit pour les moins de 4 ans

🐴 Bruges en calèche

OUVERT > Tous les jours, de 9h à 18h minimum et maximum 22h
PRIX PAR CALÈCHE > 50 € ; max. 5 personnes
RENDEZ-VOUS > Au Markt, mais au Burg le mercredi matin
INFO > www.hippo.be/koets

🚌 Bruges en bus

City Tour Bruges

Les minibus du City Tour vous permettent de découvrir lors d'une visite de 50 minutes les plus beaux sites et les lieux d'intérêt les plus importants de Bruges.
OUVERT > Chaque jour, toutes les 30 min. (également les jours fériés). Le premier bus part à 10h. Le dernier bus part :
> à 16h du 01/11 au 31/01
> à 16h30 du 01/02 au 09/02
> à 17h du 10/02 au 28/02
> à 17h30 du 01/03 au 15/03 et du 16/10 au 31/10
> à 18h du 16/03 au 30/04 et du 01/10 au 15/10
> à 19h du 01/05 au 30/09

Pas de départs à 18h30
FERMETURE EXCEPTIONNELLE > Le 15/09
PRIX > Avec audioguide (16 langues) : 20 € ; enfants de 6 à 11 ans : 15 € ; gratuit pour les moins de 6 ans
RENDEZ-VOUS > Markt
INFO > www.citytour.be

Photo Tour Brugge

Que vous soyez photographe débutant ou aguerri, Andy McSweeney vous fait découvrir les endroits les plus photogéniques de la ville.

OUVERT > Chaque jour : « Edges of Brugge » (10h-12h) s'intéresse aux ruelles et aux canaux ; « Essential Brugge » (13h-15h) propose un gros plan sur les lieux les plus emblématiques ; « Hidden Brugge » (16h-18h) vous fait découvrir les endroits secrets de la ville et la visite privée « Shades of Brugge » (20h-23h) vous plonge au cœur de la vie nocturne.
PRIX > 60 € (max. 5 photographes) ; visite privée : 220 € (max. 3 photographes); chaque participant-photographe peut être accompagné gratuitement d'un(e) non-photographe. Réservation obligatoire, mais possible le jour-même
RENDEZ-VOUS > Basilique du Saint-Sang, au Burg
LANGUES > Anglais, mais aussi sur demande en français et / ou néerlandais
INFO > Tél. +32 (0)486 17 52 75, www.phototourbrugge.com

Bruges de tout cœur

Une promenade de qualité avec des guides locaux
Pendant cette promenade exclusive (16 personnes max.) un guide brugeois vous entraîne dans un passionnant parcours. L'occasion de découvrir non seulement les bâtiments et les sites qui font la réputation de Bruges, mais aussi les perles cachées et les endroits secrets. Votre circuit commence par une vue à couper le souffle de la ville depuis la terrasse sur le toit de la Salle de concert.
OUVERT > Découvrez, sur www.visitbruges.be quand vous pouvez réserver votre promenade guidée ou rendez-vous dans un des 🅸 bureaux d'information.

PRIX > (Sous réserve) 12,50 € ; gratuit pour les moins de 12 ans

RENDEZ-VOUS >  Bureau d'information 't Zand (Salle de concert)

LANGUES > Français, néerlandais, anglais ; à certaines périodes de l'année : allemand

BILLETS > Bureaux d'information Markt (Historium), 't Zand (Salle de concert) et www.ticketsbrugge.be

APP > Une autre façon de découvrir Bruges à pied (ou à bicyclette) est d'utiliser l'application gratuite Xplore Bruges. *Plus d'infos sur www.xplorebruges.be ou en page 98.*

INFO > Tél. +32 (0)50 44 46 46, www.visitbruges.be

Bruges en courant

Tourist Run Brugge – tours guidés

Vous courez – à un rythme modéré – à travers les rues et ruelles de Bruges tout en étant accompagné. Le parcours, qui se termine au Markt, fait 9,5 km. En comptant les explications qui vous sont données en cours de route, vous pouvez prévoir entre 1h et 1h30.

OUVERT > Tous les jours, tour à 7h, 8h, 9h, 17h, 18h, 19h, 20h et 21h. Réservation obligatoire

PRIX > 30 € ; 2 coureurs : 25 €/pers. ; à partir de 3 coureurs : 20 €/pers.

RENDEZ-VOUS > À la statue de Jan Breydel et Pieter de Coninck, au Markt. Possibilité de prise en charge sur demande à votre hôtel ou votre lieu de séjour

LANGUES > Français, néerlandais, allemand, anglais

INFO > Tél. +32 (0)483 49 15 74, www.touristrunbrugge.be

Bruges à vélo

QuasiMundo Biketours : Bruges à vélo

Par les ruelles, découvrez le caractère médiéval de Bruges. Les récits captivants de l'accompagnateur vous replongent à l'époque des comtes et ducs qui régnaient sur la ville. Cette excursion vous fait découvrir pratiquement toute la ville.

OUVERT > Du 01/03 au 31/12 : tous les jours, 10h-12h30. Réservation obligatoire

PRIX > Bicyclette et imperméable inclus : 30 € ou 28 € (jeunes de 9 à 26 ans) ; si vous venez avec votre propre bicyclette, 18 € ou 16 € (jeunes de 9 à 26 ans) ; gratuit pour les moins de 9 ans

RENDEZ-VOUS > Predikherenstraat 28, 10 min. avant le départ

LANGUES > Anglais ; français, néerlandais et allemand sur demande
INFO > Tél. +32 (0)50 33 07 75 ou +32 (0)478 28 15 21, www.quasimundo.eu
(Voir également la rubrique « Excursions accompagnées dans l'arrière-pays de Bruges », page 142)

🚲 Bruges en vélo-calèche

Fietskoetsen Brugge

Découvrez, de la manière la plus originale et écologique qui soit, les endroits les plus romantiques et les monuments historiques de la ville, à bord d'un vélo-calèche, lors d'une promenade de 30 min.

OUVERT > Du 01/01 au 30/04 et du 01/11 au 15/12 : samedi et dimanche, 11h-17h, autres horaires uniquement sur réservation ; du 01/05 au 31/10 et du 16/12 au 31/12 : du mardi au dimanche, 10h-18h
PRIX PAR VÉLO-CALÈCHE > 24 € ; max. 3 pers.
RENDEZ-VOUS > Au Markt, à hauteur du Burger King. Mais, au Burg, le mercredi matin
LANGUES > Français, néerlandais, anglais, espagnol
INFO > Tél. +32 (0)478 40 95 57, www.fietskoetsenbrugge.be

🛴 Bruges en Segway

Segway Brugge

Une façon originale d'explorer Bruges sans avoir besoin de marcher ! Après une courte initiation, un guide vous conduit le long des sites historiques, des monuments, des bâtiments les plus insolites et des trésors cachés de la ville. Vous pouvez aussi opter pour un circuit spécial chocolat, un circuit *Bruges by night*, un circuit avec dîner compris ou un circuit spécial brasserie.

OUVERT > Tous les jours, tours à 10h, 12h, 14h, 16h et 18h
PRIX > Circuit standard : 40 € (1 heure) ou 55 € (2 heures), les autres circuits sont plus chers. Réservation obligatoire, mais encore possible le jour même (2 pers. min.)
LANGUES > Français, néerlandais, allemand, anglais
INFO ET RENDEZ-VOUS > Site Oud Sint-Jan, Zonnekemeers 18, tél. +32 (0)50 68 87 70 ou +32 (0)495 90 60 60, www.segwaybrugge.be

Bruges en montgolfière

Bruges Ballooning

Le moyen de transport le plus trépidant d'explorer Bruges. Bruges Ballooning organise des vols le matin et le soir au-dessus de Bruges. L'excursion dure trois heures dont, au minimum, une heure dans les airs !

OUVERT > Du 01/04 au 31/10 : sur demande, possible tous les jours, mais réservation encore possible le jour même
PRIX > 180 € ; enfants de 4 à 12 ans : 110 €

RENDEZ-VOUS > On vient vous chercher et on vous ramène à l'adresse où vous logez.

LANGUES > Français, néerlandais, anglais, espagnol

INFO > Tél. +32 (0)475 97 28 87, www.bruges-ballooning.com

🚢 Lamme Goedzak (bateau à aubes) Damme

Le bateau à aubes « Lamme Goedzak » fait quatre fois par jour l'aller-retour entre Bruges et le centre de Damme.

OUVERT > Du mardi au samedi pendant les vacances de Pâques et du 01/05 au 30/09 : départs de Bruges pour Damme à 12h, 14h, 16h et 18h ; départs de Damme pour Bruges à 11h, 13h, 15h et 17h

PRIX > 10,50 € (aller) ou 14,50 € (aller-retour) ; 65+ : 10 € (aller) ou 12,50 € (aller-retour) ; enfants de 3 à 11 ans : 9 € (aller) ou 11,50 € (aller-retour). Billets en vente uniquement sur le bateau.

RENDEZ-VOUS > Embarquement à Bruges au Noorweegse Kaai 31 (plan de ville : J1). Embarquement à Damme au Damse Vaart-Zuid

INFO > Tél. +32 (0)50 28 86 10, www.bootdamme-brugge.be

Promenade en bateau dans le port de Zeebrugge

Pendant la croisière en bateau de 75 minutes, vous naviguez le long de la base navale, l'écluse Pierre Vandamme (une des plus grandes du monde), le terminal méthanier, le parc éolien, l'île aux sternes, les bateaux de croisière et

les dragueurs. Vous assisterez au déchargement des immenses navires porte-conteneurs sur les quais. Une expérience unique pour mieux connaître le port et son fonctionnement.

OUVERT > Du 01/04 au 13/10 : les week-ends et jours fériés, croisière à 14h ; du 01/07 au 31/08 : tous les jours, croisière à 14h et 16h ; du 01/08 au 15/08 : tous les jours une croisière supplémentaire à 11h

PRIX > À bord : 12,50 € ; 60+ : 11,50 € ; enfants de 3 à 11 ans : 10 €.

Les billets achetés en ligne donnent droit à une réduction.

RENDEZ-VOUS > Embarquement sur le quai à la fin du Tijdokstraat (ancien port de pêche), Zeebrugge

LANGUES > Français, néerlandais, allemand, anglais. Vous pouvez également télécharger gratuitement les commentaires sur votre smartphone.

INFO > Tél. +32 (0)59 70 62 94 (pour des départs supplémentaires en dehors des heures de navigation prévues), www.franlis.be

Musées, curiosités et attractions

Châsse de sainte Ursule (Hôpital Saint-Jean)

Bruges abrite de très nombreux endroits uniques qui méritent absolument une visite : des lieux magiques qui témoignent de son illustre passé. Les primitifs flamands demeurent l'orgueil de la ville, avec notamment la *Châsse de sainte Ursule* de Hans Memling et la *Vierge au chanoine Joris van der Paele* de Jan van Eyck. Les amateurs d'art avides de somptuosités ne sauront pas non plus où donner des yeux. La richesse des collections est vertigineuse : de l'art moderne à la mondialement célèbre *Vierge à l'Enfant* de Michel-Ange, en passant par l'étonnante Centre de la dentelle.

RÉOUVERTURE DU MUSÉE GRUUTHUSE
UN PALAIS DE L'ÉMERVEILLEMENT

L'un des bâtiments les plus évocateurs de Bruges est assurément l'ancien palais des seigneurs de Gruuthuse, avec ses intérieurs d'une suprême élégance. Après une longue période de travaux de restauration, ce luxueux palais du XVe siècle ouvrira de nouveau ses portes au cours de l'année 2019. La devise familiale « Plus est en vous », qui signifie que nous sommes capables de faire davantage que ce que nous croyons, trône fièrement au-dessus de la porte. Le résultat de la restauration est aussi impressionnant à l'intérieur qu'à l'extérieur du bâtiment. Le Musée Gruuthuse émerveille tous ses visiteurs. Les nombreux escaliers (en colimaçon) et la succession de grandes et petites pièces font du parcours du musée une passionnante exploration. Ses objets séculaires retracent 500 ans d'histoire brugeoise et témoignent du goût des élites de la ville et de la virtuosité de ses artistes et artisans en quête de raffinement et de prestige.

Non seulement le palais a fait peau neuve, mais la cour romantique a également été rehaussée d'un pavillon de verre qui servira de point d'informations centralisé et de guichet pour le Musée Gruuthuse, mais aussi pour l'église Notre-Dame. L'arrivée du pavillon crée une passerelle unique entre l'ancien et le moderne et permet à la cour du Gruuthuse de retrouver son caractère intime et clos. C'est aussi l'endroit idéal pour acheter votre Musea Brugge Card.

(Plus d'infos en pages 64, 67 et 75)

📶 **01** **08** **Adornesdomein – Jeruzalemkapel (Domaine Adornes – Chapelle de Jérusalem)**

Le domaine Adornes se compose de la maison patricienne de la riche famille de marchands Adornes, de la chapelle de Jérusalem du XVe siècle – un joyau érigé par la famille – et plusieurs Maisons-Dieu. Dans le musée multimédia, glissez-vous dans la peau d'Anselm Adornes et transportez-vous dans l'époque bourguignonne et l'univers dans lequel il vivait.

OUVERT > Du 01/10 au 31/03 : du lundi au samedi, 10h-17h ; du 01/04 au 30/09 : du lundi au vendredi, 10h-17h et samedi, 10h-18h

FERMETURES EXCEPTIONNELLES > Tous les jours fériés (belges)

PRIX > 8 € ; 65+ : 6 € ; jeunes de 7 à 25 ans : 4 € ; gratuit pour les moins de 7 ans ; réduction pour les familles : gratuité à partir du 3e enfant

INFO > Peperstraat 3A, tél. +32 (0)50 33 88 83, www.adornes.org

♿ **02** **Archeologiemuseum (Musée archéologique)**

Sur le thème « sentez le passé sous vos pieds » et grâce à toutes sortes d'inno-vations interactives, le musée présente la mémoire non-écrite de Bruges. Découvertes et énigmes archéologiques, reproductions et reconstructions offrent un éclairage sur la vie quotidienne de l'époque, l'habitat, le travail, la vie et la mort.

OUVERT > Du mardi au dimanche, 9h30-12h30 et 13h30-17h (ouvert les lundis de Pâques et de Pentecôte ; le 24/12 et le 31/12 jusqu'à 16h) ; dernière admission 30 min. avant fermeture

FERMETURES EXCEPTIONNELLES > Le 01/01, le 30/05 (13h-17h) et le 25/12

PRIX > 4 € ; 65+ et jeunes de 18 à 25 ans : € 3 ; gratuit pour les moins de 18 ans

INFO > Mariastraat 36A, tél. +32 (0)50 44 87 43, www.museabrugge.be

03 **Arentshuis (Maison Arents)**

À l'étage supérieur de cette élégante maison de maître au jardin pittoresque (XVIe siècle au XIXe siècle) est exposée l'œuvre de Frank Brangwyn (1867-1956), artiste britannique aux multiples talents : graphiste, peintre, mais aussi créateur de tapis, de meubles et de céramiques. Le rez-de-chaussée est dédié aux expositions d'arts plastiques.

OUVERT > Du mardi au dimanche, 9h30-17h (ouvert les lundis de Pâques et de Pentecôte ; le 24/12 et le 31/12 jusqu'à 16h) ; dernière admission 30 min. avant fermeture

FERMETURES EXCEPTIONNELLES >
Le 01/01, le 30/05 (13h-17h) et le 25/12

PRIX > 6 € ; 65+ et jeunes de 18 à 25 ans : 5 € ; gratuit pour les moins de 18 ans ; billet combiné avec le Musée Groeninge possible *(voir pages 63-64)*

INFO > Dijver 16, tél. +32 (0)50 44 87 43, www.museabrugge.be

&♿ 01 Basiliek van het Heilig Bloed (Basilique du Saint-Sang)

L'église double dédiée au XIIe siècle à Notre-Dame et à St-Basile, et basilique depuis 1923, se compose d'une église basse qui a conservé son caractère roman et d'une église supérieure de style néo-gothique dans laquelle est conservée la relique du Saint-Sang. La salle du trésor, décorée de superbes œuvres d'art, vaut à elle seule le coup d'œil.

OUVERT > Tous les jours, 9h30-12h30 et 14h-17h30; dernière admission 15 min. avant fermeture. Vénération de la reli-que : tous les jours, 11h30-12h et 14h-16h

FERMETURE EXCEPTIONNELLE > Le 01/01

PRIX > Église double : gratuit ; trésor : 2,50 € ; gratuit pour les moins de 13 ans

INFO > Burg 13, tél. +32 (0)50 33 67 92, www.holyblood.com

♿ 02 02 04 Begijnhof (Béguinage)

Le « Béguinage princier Ten Wijn-gaarde » avec ses façades peintes en blanc et son jardin de couvent silencieux a été créé en 1245. Dans ce havre de paix, inscrit au patrimoine mondial, vivaient jadis des béguines, des femmes émancipées, laïques mais ayant fait vœu de célibat. Aujourd'hui, le Béguinage est habité par des religieuses de l'Ordre de Saint Benoît et des femmes célibataires brugeoises. Dans la Maison béguinale, vous découvrirez ce qu'était la vie quotidienne au XVIIe siècle.

OUVERT > Maison béguinale : tous les jours, 10h-17h. Béguinage : tous les jours, 6h30-18h30

PRIX > Maison béguinale : 2 € ; 65+ : 1,50 € ; étudiants (sur présentation de la carte d'étudiant) et enfants de 8 à 12 ans : 1 €. Béguinage : gratuit

INFO > Begijnhof 24-28-30, tél. +32 (0)50 33 00 11, www.monasteria.org

🚶 05 09 Belfort (Beffroi)

La tour la plus fameuse de Bruges atteint une hauteur de 83 mètres et abrite notamment un carillon. Dans la salle de réception, les visiteurs découvriront l'histoire et la fonction de ce beffroi de Bruges inscrit au patrimoine mondial. Ceux qui sont prêts à gravir les marches de la tour pourront admirer la trésorerie, l'impressionnant mécanisme d'horloge et les travaux du carillonneur. Une fois la 366ème marche franchie, vos efforts seront récompensés par une vue époustouflante sur Bruges et ses environs.

OUVERT > Tous les jours, 9h30-18h (le 24/12 et le 31/12 jusqu'à 16h) ; dernière admission 1 heure avant fermeture. Pour des raisons de sécurité, le nombre de personnes pouvant visiter la tour simultanément est limité. Il n'est pas permis de réserver votre visite à l'avance. Tenez donc compte d'un certain délai d'attente.

FERMETURES EXCEPTIONNELLES > Le 01/01, le 30/05 (13h-18h) et le 25/12

PRIX > 12 € ; 65+ et jeunes de 6 à 25 ans : 10 € ; gratuit pour les moins de 6 ans

INFO > Markt 7, tél. +32 (0)50 44 87 43, www.museabrugge.be

Bezoekerscentrum Lissewege – Heiligenmuseum (Musée des Saints)

Le centre des visiteurs raconte l'illustre passé du « village blanc », soit pas moins de mille ans d'histoire ! Le Musée des Saints abrite une collection exceptionnelle de plus de 130 statues anciennes de saints patrons.

OUVERT > Pendant le week-end prolongé du 1er mai (du 01/05 au 05/05), les weekends de mai et de juin, le weekend de l'Ascension (30/05-02/06), le week-end de la Pentecôte (08/06-10/06), 01/07-15/09 et les deux derniers week-ends de septembre (21/09-22/09 et 28/09-29/09) : 14h-17h30

PRIX > Musée des Saints : 2 € ; moins de 12 ans : 1 €

INFO > Oude Pastoriestraat 5, Lissewege, tél. +32 (0)495 38 70 95, www.lissewege.be

☞ 📶 Boudewijn Seapark Brugge

Dans le parc aquatique Boudewijn Seapark, vous pourrez admirer un nouveau spectacle de dauphins magique et regarder les lions de mer et les phoques faire les pitreries les plus drôles. Mais il n'y a pas que les mammifères marins de ce parc familial qui vont vous enchanter : les vingt attractions du parc de loisirs enchanteront petits et grands. Le *Bobo's Indoor* vous propose dix attractions couvertes, tandis que le *Bobo's AquaSplash* vous donnera une furieuse envie de plonger avec ses heures de plaisir aquatique extérieur.

OUVERT > Du 06/04 au 29/09. Pendant les vacances de Pâques (du 06/04 au 22/04) et du 27/04 au 01/05 : 10h-17h ; en mai et juin : tous les jours sauf le mercredi, 10h-17h ; en juillet et août : tous les jours, 10h-18h ; en septembre : samedi et dimanche, 10h-18h ; pendant les vacances d'automne (du 26/10 au 03/11) : 10h-17h. Consultez le site Internet pour connaître les horaires d'ouverture pendant la période d'hiver.

PRIX > 26,50 € ; 65+ et enfants à partir de 1 mètre jusqu'à 11 ans : 24,50 € ; enfants mesurant de 85 cm à 99 cm : 9,50 €

INFO > Alfons De Baeckestraat 12, Sint-Michiels, tél. +32 (0)50 38 38 38, www.boudewijnseapark.be. Les billets sont en vente sur place ou au 🛈 bureau d'information 't Zand (Salle de concert).

♿ 📶 ⑨ Brouwerij Bourgogne des Flandres (Brasserie)

Après soixante ans d'absence, la savoureuse *Bourgogne des Flandres* est de nouveau brassée à Bruges ! Apprenez comment le brasseur effectue le processus de brassage, utilisez l'écran tactile dans l'espace interactif ou personnalisez une bouteille avec votre propre photo. Les enfants peuvent s'en donner à cœur joie le temps d'un trépidant jeu de piste. Vous ne trouverez pas plus bel endroit pour vous désaltérer

que la terrasse romantique avec sa vue imprenable sur l'eau.

OUVERT > Du mardi au dimanche, 10h-18h, mais pendant les vacances scolaires belges, les week-ends prolongés et les jours fériés également les lundis ; dernière visite guidée à 17h

FERMETURES EXCEPTIONNELLES > Le 01/01, du 07/01 au 22/01 et le 25/12

PRIX > Avec dégustation et audioguide (disponible en 10 langues) compris : 11 € ; enfants de 10 à 15 ans : 5 € (sans dégustation) ; gratuit pour les moins de 10 ans ; billet famille (2 adultes + max. 3 enfants) : 28 € avec dégustation pour les adultes

INFO > Kartuizerinnenstraat 6, tél. +32 (0)50 33 54 26, www.bourgognedesflandres.be

🛜 ⑩ Brouwerij De Halve Maan (Brasserie)

Cette authentique brasserie artisanale du centre de Bruges est une entreprise familiale qui brasse la bière depuis six générations, c'est-à-dire depuis 1856. C'est ici que l'on brasse la bière municipale de Bruges, la *Brugse Zot* : une bière corsée de haute fermentation à base de moût, houblon et de levure spéciale. En 2016, la construction d'un pipeline souterrain unique au monde de 3 kilomètres de long a permis de relier la brasserie à son usine de mise en bouteille située à l'extérieur de la ville.

OUVERT > Boutique : tous les jours, 10h-17h (samedi jusqu'à 18h). Visites guidées : du dimanche au vendredi, 11h-16h, toutes les heures, dernière visite à 16h ; samedi, 11h-17h, toutes les heures, dernière visite à 17h ; XL-tour avec dégustation de trois bières spéciales : tous les jours, à 14h15

FERMETURES EXCEPTIONNELLES > Le 01/01 et le 25/12

PRIX > Avec dégustation comprise : 12 € (en ligne 11 €) ; enfants de 6 à 12 ans : 6 € ; gratuit pour les moins de 6 ans ; XL-tour : 21 €

LANGUES > Français, néerlandais, anglais. Tour XL en néerlandais et en anglais

INFO > Walplein 26, tél. +32 (0)50 44 42 22, www.halvemaan.be

🧍 ⑫ Bruges Beer Experience

Découvrez de manière interactive tous les secrets de la composition de la bière, son processus de brassage et apprenez à associer la bière à votre dîner, les spécificités de la bière brugeoise, des bières trappistes et d'abbaye... Les enfants pourront découvrir la passionnante histoire de l'ours de Bruges lors du Kids Tour. Vous avez uniquement envie de déguster ? Le bar est ouvert à tout le monde, avec pas moins de 16 bières dif-

férentes à la pression et une vue superbe sur la Grand-Place.

OUVERT > Tous les jours, 10h-18h ; dernière admission 1 heure avant fermeture (bar et boutique ouverts jusqu'à 18h30)

FERMETURES EXCEPTIONNELLES > Le 01/01 et le 25/12

PRIX > iPad mini avec écouteurs inclus (disponible en 11 langues) : 16 € (avec 3 bières de dégustation) ou 10 € (sans dégustation) ; enfants de 5 à 12 ans : 6 € ; billet famille (max. 2 adultes + 3 enfants) : 36 € (avec dégustation) ou 24 € (sans dégustation)

INFO > Breidelstraat 3 (étage supérieur ancien bâtiment de la poste), tél. +32 (0)50 69 92 29 ou +32 (0)496 76 45 54, www.mybeerexperience.com

🚻 👤 ✀ 🛜 03 07 13 Brugse Vrije (Franc de Bruges)

C'est depuis cette demeure qu'était autrefois administrée le Franc de Bruges (la campagne brugeoise). De 1795 à 1984, elle faisait office de cour de justice. Aujourd'hui, le bâtiment conserve entre autres les archives municipales et la mémoire écrite de la ville. Il est doté d'une ancienne salle d'assises et d'une salle renaissance décorée d'une somptueuse cheminée monumentale d'apparat en bois, marbre et albâtre datée du XVIᵉ siècle et réalisée par Lanceloot Blondeel.

OUVERT > Tous les jours, 9h30-17h (le 24/12 et le 31/12 jusqu'à 16h) ; dernière admission 30 min. avant fermeture

FERMETURES EXCEPTIONNELLES > Le 01/01, le 30/05 (13h-17h) et le 25/12

PRIX > Visite de l'Hôtel de ville comprise : 6 € ; 65+ et jeunes de 18 à 25 ans : 5 € ; gratuit pour les moins de 18 ans. Vente des tickets à l'Hôtel de ville

APP > Visitez le Franc de Bruges avec l'application Xplore Bruges (www.xplorebruges.be).

INFO > Burg 11A, tél. +32 (0)50 44 87 43, www.museabrugge.be

🚻 👤 ✀ 🛜 14 Choco-Story (Musée du chocolat)

Le Musée du chocolat plonge ses visiteurs dans l'histoire du cacao et du chocolat. Des Mayas jusqu'aux fins gourmets d'aujourd'hui en passant par les conquérants espagnols. Les enfants découvriront le musée le temps d'un parcours-jeu. Vous assisterez non seulement au processus de fabrication des chocolats mais vous pourrez aussi les déguster ! À cinq minutes à pied, vous trouverez au numéro 31 de la Vlamingstraat, le bar thématique Choco-Jungle qui fait également partie du musée.

OUVERT > Tous les jours, 10h-17h (du 01/07 au 31/08, jusqu'à 18h) ; dernière admission 45 min. avant fermeture

FERMETURES EXCEPTIONNELLES >
Le 01/01, du 07/01 au 11/01 et le 25/12
PRIX > 9,50 € ; 65+ et étudiants (sur présentation de la carte d'étudiant) : 7,50 € ; enfants de 6 à 11 ans : 5,50 € ; gratuit pour les moins de 6 ans ; différentes possibilités de billets combinés *(voir page 75)*
LANGUES > Application avec audioguide disponible en allemand, espagnol, italien, japonais. Affichage en français, néerlandais, anglais
INFO > Wijnzakstraat 2, tél. +32 (0)50 61 22 37, www.choco-story.be

♿ 📶 ⑰
Concertgebouw Circuit

Un parcours original qui vous permet de découvrir la Salle de concert contemporaine. Découvrez le fonctionnement d'une grande salle de concert, prenez la mesure de son acoustique exceptionnelle, laissez-vous surprendre par sa collection d'art contemporain ou faites vos premiers pas dans l'art sonore. Cerise sur le gâteau, la vue panoramique à couper le souffle de la ville à partir de la terrasse sur le toit.
OUVERT > Du mercredi au samedi, 14h-18h ; dimanche, 10h-14h ; dernière admission 30 min. avant fermeture. Visites guidées (réservation obligatoire) : du mercredi au samedi, à 15h
FERMETURES EXCEPTIONNELLES > Le 01/01 et le 25/12. Parfois exceptionnellement fermé au public. Consultez son site Internet (de préférence) à l'avance.
PRIX > 8 € ; jeunes de 6 à 26 ans : 4 € ; gratuit pour les moins de 6 ans ; visite guidée : sans supplément de prix
LANGUES > Français, néerlandais, anglais
APP > Avec l'app Xplore Bruges (www.xplorebruges.be), offrez-vous un voyage musical à travers Bruges et découvrez la bande sonore d'une ville médiévale (conseil : n'oubliez pas d'emporter des écouteurs ou un casque avec vous)
INFO > 't Zand 34, tél. +32 (0)50 47 69 99, www.concertgebouwcircuit.be

♿ 🚻 🖊 **Cozmix –**
Volkssterrenwacht (Planétarium) Beisbroek

Observez le soleil, la lune et les planètes à l'aide d'un spectaculaire télescope géant. À l'intérieur du planétarium, quelques sept-mille étoiles sont projetées sur le plafond de la coupole. Des images vidéo spectaculaires vous font découvrir les mystères de l'univers. Le

sentier des planètes artistiques (avec des sculptures de Jef Claerhout) vous entraîne dans un fabuleux voyage à travers le cosmos.

OUVERT > Mercredi et dimanche, 14h30-18h ; vendredi, 20h-22h. Projections spéciales dans le planétarium les mercredis et dimanches à 15h et 16h30 et les vendredis à 20h30. Pendant les vacances scolaires belges, les horaires d'ouverture sont prolongés et des projections spéciales supplémentaires sont organisées : consultez le site Internet

FERMETURES EXCEPTIONNELLES > Le 01/01 et le 25/12

PRIX > 6 € ; jeunes de 4 à 17 ans : 5 €

LANGUES > Projections pour les personnes non néerlandophones les mercredis à 16h30 : les premières et troisièmes semaines de chaque mois en français, les deuxièmes, quatrièmes et cinquièmes semaines en anglais

INFO > Zeeweg 96, Sint-Andries, tél. +32 (0)50 39 05 66, www.cozmix.be

🛜 ⓲ Diamantmuseum Brugge (Musée du diamant)

Saviez-vous que la technique du polissage du diamant a été pratiquée pour la première fois à Bruges voici plus d'un demi-millénaire ? Apprenez quantité d'autres détails intéressants en visitant le Musée du diamant de Bruges. Pendant la démonstration de taille du diamant, vous découvrirez bien d'autres secrets, y compris la manière dont la pierre est polie.

OUVERT > Tous les jours, 10h30-17h30. Démonstration de taille du diamant : plusieurs démonstrations par jour, programme à consulter sur place, par téléphone ou en ligne.

FERMETURES EXCEPTIONNELLES > Le 01/01, du 07/01 au 18/01 et le 25/12

PRIX > Avec démonstration de taille du diamant comprise : 9,50 € ; 65+, étudiants (sur présentation de la carte d'étudiant) et enfants de 6 à 12 ans : 8,50 € ; gratuit pour les moins de 6 ans ; billet famille (2 adultes + 2 enfants) : 30 € ; possibilité de billet combiné *(voir page 75)*

LANGUES > Démonstration de taille du diamant en français, néerlandais, anglais

INFO > Katelijnestraat 43, tél. +32 (0)50 34 20 56, www.diamondmuseum.be

🛜 ⓴ Foltermuseum De Oude Steen (Musée de la torture)

Dans ce bâtiment superbement restauré, qui est probablement aussi le plus ancien édifice en pierre de Bruges, découvrez une collection stupéfiante d'instruments de torture et quel regard nos ancêtres portaient sur l'importance du châtiment. Vous comprendrez mieux la fameuse controverse médiévale entre le bien et le mal et pourquoi le système judiciaire de l'époque hésitait continuellement entre le désir de violence et le désir justice.

OUVERT > Tous les jours, 10h30-18h30 (du 01/07 au 31/08, jusqu'à 21h)
PRIX > 8 € ; 60+ : 7 € ; étudiants : 6 € ; gratuit pour les moins de 11 ans ; billet famille (2 adultes + 3 enfants jusqu'à 15 ans) : 20 €
INFO > Wollestraat 29, tél. +32 (0)50 73 41 34, www.torturemuseum.be

♿ 🛜 🅼 ⓻ ⓶ Frietmuseum (Musée de la frite)

Ce musée expose l'histoire de la pomme de terre, de la frite et de ses diverses sauces dans l'un des plus beaux monuments de Bruges, le Saaihalle. Bénéficiez d'une réduction de 0,40 € sur une portion de frites sur présentation de votre billet d'entrée.

OUVERT > Tous les jours, 10h-17h ; dernière admission 45 min. avant fermeture
FERMETURES EXCEPTIONNELLES > Le 01/01, du 07/01 au 11/01 et le 25/12
PRIX > 7 € ; 65+ et étudiants (sur présentation de la carte d'étudiant) : 6 € ; enfants de 6 à 11 ans : 5 € ; gratuit pour les moins de 6 ans ; différentes possibilités de billets combinés *(voir page 75)*
LANGUES > Application avec audioguide disponible en français, néerlandais, allemand, anglais, espagnol, italien
INFO > Vlamingstraat 33, tél. +32 (0)50 34 01 50, www.frietmuseum.be

⓻ ⓶ Gentpoort (Porte de Gand)

La Porte de Gand est l'une des quatre portes médiévales conservées de Bruges. Pour les étrangers un accès à la ville, pour les Brugeois une frontière avec le monde extérieur. La porte devait défendre la ville mais fonctionnait aussi comme un passage pour les marchandises que l'on importait ou exportait. Admirez la Porte de Gand surtout le soir, lorsqu'elle est entièrement illuminée.

OUVERT > Du mardi au dimanche, 9h30-12h30 et 13h30-17h (ouvert les lundis de Pâques et de Pentecôte ; le 24/12 et le 31/12 jusqu'à 16h) ; dernière admission 30 min. avant fermeture

FERMETURES EXCEPTIONNELLES >
Le 01/01, le 30/05 (13h-17h) et le 25/12
PRIX > 4 € ; 65+ et jeunes de 18 à 25 ans : 3 € ; gratuit pour les moins de 18 ans
INFO > Gentpoortvest, tél. +32 (0)50 44 87 43, www.museabrugge.be

23 Gezellemuseum (Musée Gezelle)

Le musée sur Guido Gezelle (1830-1899), l'un des poètes les plus célèbres de Flandre, a été aménagé dans sa maison natale. Vous entrez non seulement dans l'intimité de son œuvre et de son travail mais découvrez aussi des présentations temporaires dédiées à l'art et à la littérature. Derrière la maison se trouve un jardin romantique abritant la sculpture *l'Homme qui donne du feu* de Jan Fabre.

OUVERT > Du mardi au dimanche, 9h30-12h30 et 13h30-17h (ouvert les lundis de Pâques et de Pentecôte ; le 24/12 et le 31/12 jusqu'à 16h) ; dernière admission 30 min. avant fermeture

FERMETURES EXCEPTIONNELLES >
Le 01/01, le 30/05 (13h-17h) et le 25/12
PRIX > 4 € ; 65+ et jeunes de 18 à 25 ans : 3 € ; gratuit pour les moins de 18 ans
INFO > Rolweg 64, tél. +32 (0)50 44 87 43, www.museabrugge.be

♿ 🚹 📶 24 Groeninge-museum (Musée Groeninge)

Le Musée Groeninge offre un riche panorama de l'histoire des arts plastiques belges, avec pour point d'orgue l'œuvre mondialement célèbre des primitifs flamands. Vous y admirez notamment *La Vierge au Chanoine Joris van der Paele* de Jan van Eyck, le *Triptyque Moreel* de Hans Memling, de même que des tableaux emblématiques du néoclassicisme des XVIIIe et XIXe siècles, des chefs-d'œuvre de l'expressionnisme flamand et une superbe sélection d'art moderne de l'après-guerre.

OUVERT > Du mardi au dimanche, 9h30-17h (ouvert les lundis de Pâques et de Pentecôte ; le 24/12 et le 31/12 jusqu'à 16h) ; dernière admission 30 min. avant fermeture

FERMETURES EXCEPTIONNELLES >
Le 01/01, le 30/05 (13h-17h) et le 25/12
PRIX > Visite de l'Arentshuis comprise :

12 € ; 65+ et jeunes de 18 à 25 ans : 10 € ; gratuit pour les moins de 18 ans ; possibilité de billet combiné *(voir page 75)*
INFO > Dijver 12, tél. +32 (0)50 44 87 43, www.museabrugge.be

Réouverture en 2019

🚹 🖋 📶 **25** Gruuthuse-museum (Musée Gruuthuse)

Cette année, l'un des plus beaux monuments de Bruges rouvre ses portes après avoir subi une rénovation complète. Dans le palais des seigneurs de Gruuthuse, vous découvrirez les nombreuses histoires qui ont façonné le destin de la ville. Une richesse qui se reflète dans les tapisseries, les peintures, les pièces d'archives, la dentelle et l'argenterie.
OUVERT > A partir du printemps 2019 : du mardi au dimanche, 9h30-17h (ouvert le lundi de Pentecôte ; le 24/12 et le 31/12

jusqu'à 16h) ; dernière admission 30 min. avant fermeture
FERMETURES EXCEPTIONNELLES >
Le 30/5 (13h-17h) et le 25/12
PRIX > 12 € ; 65+ et jeunes de 18 à 25 ans : 10 € ; gratuit pour les moins de 18 ans ; possibilité de billet combiné *(voir page 75)*
LANGUES > Audioguide gratuit disponible en 6 langues
INFO > Dijver 17C, tél. +32 (0)50 44 87 43, www.museabrugge.be

07 Heilige-Magdalenakerk (Église Sainte Madeleine)

L'église Sainte Madeleine, construite au milieu du XIXe siècle, est une des plus anciennes églises néogothiques du continent européen. Ce style architectural très apprécié en Angleterre a été introduit à Bruges par l'intermédiaire d'émigrants anglais et a très tôt modelé sa physionomie urbaine. Une fois à l'intérieur, vous

pouvez découvrir le projet YOT qui part d'une réflexion menée autour de la signification de la tradition chrétienne dans la société.

OUVERT > Du 01/01 au 31/03 : du vendredi au lundi, 14h-17h ; du 01/04 au 30/09 : tous les jours, 11h-18h ; du 01/10 au 31/12 : tous les jours, 13h-18h. L'église est fermée au public pendant les cérémonies liturgiques.

FERMETURES EXCEPTIONNELLES > Le 01/01, le 24/12, le 25/12 et le 31/12

PRIX > Gratuit

INFO > Angle Stalijzerstraat et Schaarstraat, tél. +32 (0)50 33 68 18, www.yot.be

Historium Brugge

À l'Historium, faites un véritable voyage dans le temps. Revivez l'ambiance de Bruges pendant son Siècle d'or. *Historium Story* vous raconte l'histoire

d'amour de Jacob, l'apprenti de Jan van Eyck. Plongez ensuite dans la Bruges médiévale avec l'*Historium Exhibition*. Avec *Historium Virtual Reality*, remontez jusqu'en 1435. Entrez virtuellement dans le port et volez le long de la Waterhalle et l'ancienne église Saint-Donat, aujourd'hui disparue. Avec *Historium Tower*, montez au sommet de la tourelle néogothique de 30 mètres de haut et offrez-vous une vue imprenable sur la Grand-Place.

OUVERT > Tous les jours, 10h-18h; dernière admission 1 heure avant fermeture

PRIX > Tous les billets Historium avec audioguide inclus (disponible en 10 langues) : Explorer (Story + Exhibition) : 14 € ; étudiants : 10 € ; enfants de 3 à 12 ans : 7,50 € ; Time Traveller (Story + Exhibition + Virtual Reality) : 17,50 € ; Thirsty Time Traveller (comme Time Traveller + boisson au choix dans le Duvelorium) : 19,50 € ; Virtual Reality : 6 € ; Tower : 6 € ; possibilité de billet combiné (voir page 75)

INFO > Markt 1, tél. +32 (0)50 27 03 11, www.historium.be

♿ 🚹 ✏ ㉙ Kantcentrum (Centre de la dentelle)

Le Centre de la dentelle a été aménagé dans l'ancienne école rénovée de dentelle des sœurs Apostolines. Au rez-de-chaussée du Musée de la dentelle, vous écouterez sa passionnante histoire : grâce aux installations multimédias et aux témoignages d'experts internationaux de la dentelle, vous apprendrez tout sur les différents types de dentelle, leur origine géographique, l'industrie et l'enseignement de la dentelle à Bruges. Dans l'atelier de dentelle situé au deuxième étage sont organisés des démonstrations et de nombreux cours.

OUVERT > Du lundi au samedi, 9h30-17h ; dernière admission 30 min. avant fermeture. Démonstrations : du lundi au samedi, 14h-17h

FERMETURES EXCEPTIONNELLES > Tous les jours fériés (belges)

PRIX > 6 € ; 65+ et jeunes de 12 à 26 ans : 5 € ; gratuit pour les moins de 12 ans ; possibilité de billet combiné *(voir page 75)*

INFO > Balstraat 16, tél. +32 (0)50 33 00 72, www.kantcentrum.eu

📶 ㉚ Lumina Domestica (Musée des lampes)

Avec ses six-mille objets antiques, ce musée de l'éclairage abrite la plus grande collection de lampes au monde et raconte toute l'histoire de l'éclairage domestique : des torches et des lampes à huile aux ampoules à filament et aux diodes électroluminescentes. La digression concernant les animaux et plantes phosphorescents est passionnante. Vous découvrirez comment les vers luisants, les poissons-lanternes et les fameux lampions chinois fabriquent leur délicate lumière.

OUVERT > Tous les jours, 10h-17h (du 01/07 au 31/08, jusqu'à 18h); dernière admission 45 min. avant fermeture

FERMETURES EXCEPTIONNELLES > Le 01/01, du 07/01 au 11/01 et le 25/12

PRIX > 7 € ; 65+ et étudiants (sur présentation de la carte d'étudiant) : 6 € ; enfants de 6 à 11 ans : 5 € ; gratuit pour les moins de 6 ans ; différentes possibilités de billets combinés *(voir page 75)*

INFO > Wijnzakstraat 2, tél. +32 (0)50 61 22 37, www.luminadomestica.be

Onze-Lieve-Vrouw-Bezoekingkerk Lissewege (Notre-Dame de la Visitation)

Les briques de l'église Notre-Dame de la Visitation, construite au XIIIᵉ siècle, sont un cas d'école de gothique côtier. La construction de la tour est restée inachevée faute d'argent, d'où son caractère étonnamment aplati. L'intérieur recèle une statue miraculeuse de la Vierge Marie (1625), un buffet d'orgue étonnant, un superbe jubé et une chaire sculptés (1652).

OUVERT > Du 01/05 au 30/09 : tous les jours, 9h-18h ; du 01/10 au 30/04 : tous les jours, 10h-16h

PRIX > Gratuit

INFO > Onder de Toren, Lissewege, tél. +32 (0)50 54 45 44, www.lissewege.be

&♿ **15** **32**

Onze-Lieve-Vrouwekerk (Église Notre-Dame)

La tour en brique de 115,5 mètres de l'église Notre-Dame illustre le savoir-faire des bâtisseurs brugeois. À l'intérieur, vous admirerez une riche collection d'art : la *Vierge à l'Enfant* de Michel-Ange, mondialement célèbre,

d'illustres tableaux, de somptueux caveaux funéraires peints du XIIIᵉ siècle et les mausolées de Marie de Bourgogne et de Charles le Téméraire. Le chœur a été restauré en 2015 et le magnifique intérieur de l'église peut de nouveau être admiré dans toute sa splendeur.

OUVERT > Du lundi au samedi, 9h30-17h ; le dimanche et lors des fêtes religieuses, 13h30-17h; dernière admission 30 min. avant fermeture. L'église et le musée ne sont pas accessibles aux visiteurs pendant les cérémonies nuptiales ou funèbres. À retenir : de janvier à fin mars 2019 (sous réserve), des travaux de rénovation sont réalisés sur l'autel de *La Vierge à l'Enfant*.

FERMETURES EXCEPTIONNELLES > Musée : le 01/01, le 30/05 et le 25/12

PRIX > Église : gratuit. Musée : 6 € ; 65+ et jeunes de 18 à 25 ans : 5 € ; gratuit pour les moins de 18 ans. Un tarif réduit est appliqué pendant les travaux de rénovation.

INFO > Mariastraat, tél. +32 (0)50 44 87 43, www.museabrugge.be

16 33 Onze-Lieve-Vrouw-ter-Potterie (Notre-Dame de la poterie)

L'histoire de l'hôpital Notre-Dame de la poterie remonte au XIIIᵉ siècle, lorsque des sœurs prodiguaient leurs soins aux pèlerins, aux voyageurs et aux malades. Au XVᵉ siècle, l'hôpital a été réaménagé en une maison de retraite moderne et les salles des malades, qui ont été transformées en musée, abritent aujourd'hui une riche collection d'œuvres d'art, de vestiges abbatiaux et sacerdotaux, ainsi que de nombreux instruments médicaux. L'église gothique à l'intérieur baroque vaut également une visite.

OUVERT > Du mardi au dimanche, 9h30-12h30 et 13h30-17h (ouvert les lundis de Pâques et de Pentecôte ; le 24/12 et le 31/12 jusqu'à 16h) ; dernière admission 30 min. avant fermeture

FERMETURES EXCEPTIONNELLES > Le 01/01, le 30/05 (13h-17h) et le 25/12

PRIX > Église : gratuit. Musée : 6 € ; 65+ et jeunes de 18 à 25 ans : 5 € ; gratuit pour les moins de 18 ans

INFO > Potterierei 79B, tél. +32 (0)50 44 87 43, www.museabrugge.be

17 Onze-Lieve-Vrouw-van-Blindekenskapel (Chapelle Notre-Dame des aveugles)

La chapelle Notre-Dame des aveugles a été construite en bois en 1305 après la bataille de Mons-en-Pévèle (1304), comme témoignage de gratitude envers Notre-Dame. La chapelle actuelle date de 1651. Pour accomplir la « Promesse de Bruges », prononcée durant la bataille, la Procession des aveugles a lieu dans les rues de Bruges chaque année, le 15 août, et ce depuis 1305. Les femmes brugeoises y font offrande d'un cierge (de 18 kilos), dans l'église Notre-Dame de la poterie.

OUVERT > Tous les jours, 9h-18h

PRIX > Gratuit

INFO > Kreupelenstraat 8, tél. +32 (0)50 32 76 60 ou +32 (0)50 33 68 41, www.brugsebelofte.be

35 Museum-Gallery Xpo Salvador Dalí

À l'intérieur des Halles municipales, admirez une fantastique collection d'œuvres graphiques et de sculptures du génialissime Salvador Dalí. Autant de chefs-d'œuvre d'invention décrits dans les Catalogues Raisonnés de l'œuvre du

maître espagnol. La collection est présentée dans un ébouriffant décor de miroirs, de dorure et de rose clinquant.

OUVERT > Tous les jours, 10h-18h (le 24/12 et le 31/12, jusqu'à 15h30)

FERMETURES EXCEPTIONNELLES > Le 01/01 et le 25/12

PRIX > 10 € ; 65+, étudiants (sur présentation de la carte d'étudiants) et jeunes de 13 à 18 ans : 8 € ; gratuit pour les moins de 13 ans

LANGUES > Audioguides disponibles en 3 langues : 2 €

INFO > Markt 7, tél. +32 (0)50 33 83 44, www.dali-interart.be

🛜 Seafront Zeebrugge

Les bâtiments de l'ancien marché aux poissons, abritent des magasins, des restaurants, des cafés, ainsi que le parc à thème Seafront. Découvrez la réalité du tourisme côtier d'hier et d'aujourd'hui, plongez dans le monde de la pêche et du poisson et revivez les intenses combats des deux grandes guerres mondiales. Le bateau-phare West-Hinder, ancien phare avancé dans la mer, est solidement ancré sur le quai, témoin silencieux d'un riche passé maritime.

OUVERT > Seafront est en plein développement. Différentes expositions thématiques (temporaires) sont notamment organisées sur le thème de la mer. Assurez-vous de consulter le site Web avant votre visite pour obtenir les informations les plus actuelles.

PRIX > À partir de 9,50 €

INFO > Vismijnstraat 7, Zeebrugge, tél. +32 (0)50 55 14 15, www.seafront.be

🔺19 Sint-Annakerk (Église Sainte-Anne)

Cette sobre église gothique dotée d'une seule nef datée du début du XVIIe siècle, surprend par la splendeur de son intérieur baroque. Son aménagement a été rendu possible par les dons de Brugeois fortunés. Admirez le jubé en marbre, les boiseries en chêne avec confessionnaux intégrés, les peintures de Jan Garemijn, sans oublier le plus grand tableau de Bruges.

OUVERT > Du 01/01 au 31/03 : du vendredi au lundi, 14h-17h ; du 01/04 au 30/09 : tous les jours, 11h-18h ; du 01/10 au 31/12 : tous les jours, 13h-18h. L'église est fermée aux visiteurs pendant les cérémonies liturgiques.

FERMETURES EXCEPTIONNELLES >
Le 01/01, le 24/12, le 25/12 et le 31/12
PRIX > Gratuit
INFO > Sint-Annaplein, tél. +32 (0)50
34 87 05, www.sintdonatianusbrugge.be

20 Sint-Gilliskerk (Église Saint-Gilles)

Dans cette église, la seule du centre dotée d'un clocher avec une horloge, ont été inhumés de nombreux artistes. De Hans Memling en passant par Lancelot Blondeel ou Pieter Pourbus. L'église a été construite au XIIIe siècle puis transformée au XVe siècle. L'extérieur est un bel exemple du style gothique brut en briques, tandis que son intérieur est de style néogothique du XIXe siècle.

OUVERT > Du 01/01 au 31/03 : du vendredi au lundi, 14h-17h ; du 01/04 au 30/09 : tous les jours, 11h-18h ; du 01/10 au 31/12 : tous les jours, 13h-18h. L'église est fermée aux visiteurs pendant les cérémonies liturgiques.

FERMETURES EXCEPTIONNELLES >
Le 01/01, le 24/12, le 25/12 et le 31/12
PRIX > Gratuit
INFO > Baliestraat 2, tél. +32 (0)50 34 87 05, www.sintdonatianusbrugge.be

22 Sint-Jakobskerk (Église Saint-Jacques)

Durant le second quart du XIIIe siècle, la modeste chapelle Saint-Jacques est devenue une église paroissiale ; ce lieu de prière s'est ensuite développé au XVe siècle pour atteindre ses dimensions actuelles. L'église est réputée pour ses nombreux trésors artistiques offerts par de riches donateurs du voisinage, ainsi que pour son art funéraire.

OUVERT > Du 01/01 au 31/03 : du vendredi au lundi, 14h-17h ; du 01/04 au 30/09 : tous les jours, 11h-18h ; du 01/10 au 31/12 : tous les jours, 13h-18h. L'église est fermée aux visiteurs pendant les cérémonies liturgiques.

FERMETURES EXCEPTIONNELLES >
Le 01/01, le 24/12, le 25/12 et le 31/12
PRIX > Gratuit

APP > Découvrez les 15 chefs-d'œuvre de l'église en utilisant l'app Xplore Bruges (www.xplorebruges.be).
INFO > Sint-Jakobsplein, tél. +32 (0)50 33 68 41, www.sintdonatianusbrugge.be

 ♿ 🚹 🚫 📶 **36**

Sint-Janshospitaal (Hôpital Saint-Jean)

À l'Hôpital Saint-Jean, qui renferme plus de huit siècles d'histoire, des sœurs et des frères soignaient les pauvres, les pèlerins, les voyageurs et les malades. Les salles des malades médiévales ainsi que l'église et la chapelle qui en font partie abritent notamment une imposante collection de pièces d'archives, d'œuvres d'art, d'instruments médicaux et six peintures de Hans Memling. À visiter également : le grenier de Dixmude (Diksmuidezolder), l'ancien dortoir, la chambre des tuteurs attenante et la pharmacie.

OUVERT > Musée et pharmacie : du mardi au dimanche, 9h30-17h (ouverts les lundis de Pâques et de Pentecôte ; le 24/12 et le 31/12 jusqu'à 16h) ; dernière admission 30 min. avant fermeture

FERMETURES EXCEPTIONNELLES > Le 01/01, le 30/05 (13h-17h) et le 25/12
PRIX > Visite de la pharmacie incluse : 12 € ; 65+ et jeunes de 18 à 25 ans : 10 € ; gratuit pour les moins de 18 ans
APP > Découvrez les six œuvres de Hans Memling avec l'application Xplore Bruges (www.xplorebruges.be).
INFO > Mariastraat 38, tél. +32 (0)50 44 87 43, www.museabrugge.be

37 Sint-Janshuismolen (Moulin)

Depuis la construction des murs extérieurs de la ville à la fin du XIIIᵉ siècle, des moulins ornent les remparts de la ville. Quatre de ces moulins ont été conservés sur la Kruisvest. Le moulin Sint-Janshuis (de 1770) est le seul moulin encore ouvert au public. Il a gardé son emplacement originel et continue à moudre le grain.

OUVERT > Du 01/04 au 30/09 : du mardi au dimanche, 9h30-12h30 et 13h30-17h (ouvert les lundis de Pâques et de Pentecôte) ; dernière admission 30 min. avant fermeture
FERMETURE EXCEPTIONNELLE > Le 30/05 (13h-17h)

PRIX > 4 € ; 65+ et jeunes de 18 à 25 ans :
3 € ; gratuit pour les moins de 18 ans
INFO > Kruisvest, tél. +32 (0)50 44
87 43, www.museabrugge.be

♿ 23 Sint-Salvators-kathedraal (Cathédrale Saint-Sauveur)

La plus ancienne église paroissiale de
Bruges (XIIe-XVe siècles) possède entre
autres merveilles un jubé et des orgues,
des tombes médiévales, des tapisseries
bruxelloises, ainsi qu'une riche collection de peintures flamandes (XIVe-XVIIIe
siècle). La salle des trésors de la cathédrale abrite également des tableaux de
primitifs flamands tels que Dieric Bouts
et Hugo van der Goes.

OUVERT > Cathédrale : du lundi au vendredi, 10h-13h et 14h-17h30 ; samedi,
10h-13h et 14h-15h30 ; dimanche, 11h30-
12h et 14h-17h. La cathédrale est fermée
aux visiteurs pendant les cérémonies liturgiques. Salle des trésors : tous les
jours (sauf le samedi), 14h-17h

FERMETURES EXCEPTIONNELLES >
Cathédrale (après-midi) et salle des
trésors (toute la journée) : le 01/01, le
30/05, le 24/12 et le 25/12

PRIX > Gratuit
INFO > Steenstraat, tél. +32 (0)50 33
61 88, www.sintsalvator.be

24 Sint-Walburgakerk (Église Sainte-Walburge)

C'est en 1619 que le frère jésuite Pieter
Huyssens, brugeois de naissance, a été
chargé de construire la prestigieuse
église qui devait incarner les valeurs
de la Compagnie de Jésus. Son église
Sainte-Walburge est l'ouvrage architectural le plus riche et le plus purement baroque de Bruges. Prenez le
temps d'admirer les lignes dyna-
miques de sa façade, les innombrables
raffinements architecturaux à l'intérieur de la nef et son mobilier richement ouvragé.

OUVERT > Du 01/01 au 31/03 : du vendredi
au lundi, 14h-17h ; du 01/04 au 30/09,

tous les jours, 11h-18h ; du 01/10 au 31/12 : tous les jours, 13h-18h

FERMETURES EXCEPTIONNELLES > Le 01/01, le 24/12, le 25/12 et le 31/12

PRIX > Gratuit

INFO > Sint-Maartensplein, tél. +32 (0)50 34 87 05, www.sint donatianusbrugge.be

♿ 🚹 📶 08 40

Stadhuis (Hôtel de ville)

L'Hôtel de ville de Bruges (1376-1420) compte parmi les plus anciens des Pays-Bas. C'est d'ici que la ville est administrée depuis plus de 600 ans. Un must absolu pour le visiteur est la Salle gothique qui représente, avec ses peintures murales de 1900 et sa voûte polychrome, une œuvre d'art magnifique. Dans la salle historique adjacente, des documents originaux et des artefacts évoquent l'histoire de l'administration de la ville. Au rez-de-chaussée, une exposition multimédia raconte l'évolution du Burg et de l'Hôtel de ville.

OUVERT > Tous les jours, 9h30-17h (le 24/12 et le 31/12 jusqu'à 16h) ; dernière admission 30 min. avant fermeture. La Salle gothique et la salle historique sont fermées aux visiteurs pendant les cérémonies nuptiales.

FERMETURES EXCEPTIONNELLES > Le 01/01, le 30/05 (13h-17h) et le 25/12

PRIX > Visite au Franc de Bruges comprise : 6 € ; 65+ et jeunes de 18 à 25 ans : 5 € ; gratuit pour les moins de 18 ans

APP > Visitez l'Hôtel de ville en utilisant l'app Xplore Bruges (www.xplore bruges.be).

LANGUES > Audioguide gratuit disponible en 5 langues

INFO > Burg 12, tél. +32 (0)50 44 87 43,
www.museabrugge.be

📶 ㊷ Volkskundemuseum (Musée de la vie populaire)

Ces « studios » du XVIIᵉ siècle, entièrement restaurés, abritent notamment
une classe, une chapellerie, une pharmacie, une confiserie et une épicerie.
Au dernier étage, vous expérimenterez
ce qu'était la vie d'un enfant dans les années 1930-1960. Reprenez votre souffle
à l'auberge « De Zwarte Kat » ou dans le
jardin où, si le temps le permet, vous
pourrez vous amuser avec des jeux
traditionnels ou d'enfants.

OUVERT > Musée et auberge : du mardi
au dimanche, 9h30-17h (ouverts les
lundis de Pâques et de Pentecôte ; le
24/12 et le 31/12 jusqu'à 16h) ; dernière
admission 30 min. avant fermeture

FERMETURES EXCEPTIONNELLES >
Le 01/01, le 30/05 (13h-17h) et le 25/12

PRIX > 6 € ; 65+ et jeunes de 18 à 25 ans :
5 € ; gratuit pour les moins de 18 ans ;
possibilité de billet combiné *(voir à côté)*

INFO > Balstraat 43, tél. +32 (0)50
44 87 43, www.museabrugge.be

04 ㊸ Xpo Center Bruges

Sur le site historique de l'ancien hôpital
Saint-Jean, admirez plus de 300 œuvres
graphiques du maître espagnol Pablo
Picasso et près de 100 œuvres originales
de l'artiste américain Andy Warhol dans
l'exposition permanente Expo Picasso.
En plus de ces expositions perma-
nentes, les salles historiques du
XIXᵉ siècle abritent également chaque
année de passionnantes expositions
temporaires. Cette année, découvrez
les rituels funéraires de l'ancienne
Égypte avec l'exposition « Mummies
in Bruges » *(plus d'infos en page 78)*.

OUVERT > Toutes les expositions: tous
les jours, 10h-18h

FERMETURES EXCEPTIONNELLES >
Le 01/01, du 07/01 au 01/02 et le 25/12

PRIX > Picasso : 10 € ; 65+ et jeunes de
6 à 18 ans : 8 €. Picasso et Warhol : 12 € ;
65+ et jeunes de 6 à 18 ans : 10 €. Mummies in Bruges : 14 €; 65+ et jeunes de
6 à 18 ans : 12 €. Billet combiné: 17,50 € ;
65+ et jeunes de 6 à 18 ans : 15,50 €.
Gratuit pour les moins de 5 ans

INFO > Site Oud Sint-Jan, Mariastraat 38, tél. +32 (0)50 47 61 00,
www.xpo-center-bruges.be

VOYAGEZ MOINS CHER !

» Musea Brugge Card

Avec la Musea Brugge Card, vous bénéficiez d'un accès illimité à tous les lieux de Musea Brugge (www.museabrugge.be) pour seulement 28 €. Les jeunes de 18 jusqu'à 25 ans paient 22 €. La carte est valable pendant trois jours consécutifs et est en vente à tous les guichets du Musea Brugge (sauf au Franc de Bruges et au Moulin Sint-Janshuis), au 🛈 bureau d'information Markt (Historium) et au 🛈 bureau d'information 't Zand (Salle de concert).

» Cartes de réduction grâce à votre séjour

Profitez d'une réduction sur le billet d'entrée des différents musées, sites et attractions touristiques grâce à la carte gratuite Discover Bruges qui vous est remise lors de chaque séjour dans les hôtels affiliés à Hotels Regio Brugge vzw (www.discoverbruges.com) ou par le biais de la Bruges Advantage City Card gratuite que vous recevez lorsque vous logez un minimum de deux nuits dans un Bed & Breakfast membre de la Gilde der Brugse Gastenverblijven vzw (www. brugge-bedandbreakfast.com).

» Billet combiné Gruuthuse/Église Notre-Dame (disponible à partir du printemps 2019 dans le pavillon d'accueil du Musée Gruuthuse)

Visitez le Musée Gruuthuse, rénové de fond en comble, un des plus beaux monuments de Bruges qui rouvre ses portes au printemps, ainsi que l'impressionnante église Notre-Dame avec sa tour en briques de 115,5 mètres de haut et sa riche collection d'art. Ce billet combiné coûte 14 €.

» Billet combiné Historium/Musée Groeninge

Vivez le Siècle d'or de Bruges à l'Historium, avec comme fil conducteur la peinture *Vierge au chanoine Joris van der Paele*, de Jan van Eyck. Admirez ce chef-d'œuvre au Musée Groeninge, ainsi que d'autres primitifs flamands. Ce billet combiné coûte 22 € et il est uniquement en vente à l'Historium.

» Billet combiné Choco-Story/Musée du diamant

Combinez une succulente visite de Choco-Story avec une étincelante découverte du Musée du diamant. Ce billet combiné coûte 17 € (avec démonstration) et il est en vente dans les musées.

» Billet combiné Choco-Story/Lumina Domestica/Musée de la frite

Visitez ces trois musées à des tarifs avantageux.
> Billet combiné Choco-Story/Lumina Domestica : 11,50 € ; 65+ et étudiants : 9,50 € ; enfants de 6 à 11 ans : 7,50 € ; gratuit pour les moins de 6 ans
> Billet combiné Choco-Story/Musée de la frite : 14,50 € ; 65+ et étudiants : 11,50 € ; enfants de 6 à 11 ans : 8,50 € ; gratuit pour les moins de 6 ans
> Billet combiné (3 musées) : 16,50 € ; 65+ et étudiants : 13,50 € ; enfants de 6 à 11 ans : 10,50 € ; gratuit pour les moins de 6 ans. Ces billets combinés sont en vente dans les musées et au 🛈 bureau d'information 't Zand (Salle de concert).

» Billet combiné Centre de la dentelle/Musée de la vie populaire

Le Centre de la dentelle, qui présente des travaux de dentelle de la collection des Musea Brugge, est une superbe façon de compléter une visite au Musée de la vie populaire où vous découvrirez notamment un atelier de tailleur traditionnel. Le billet combiné coûte 10 € et est en vente à la billetterie des deux musées.

Culture et événements

Salle de concert

La vie culturelle brugeoise est aussi bouillonnante qu'exigeante. Les amateurs d'architecture admireront les nombreux raffinements de la Salle de concert tout en profitant d'un prestigieux concert international ou d'un spectacle de danse ; les âmes romantiques choisiront une soirée d'exception dans l'élégant théâtre municipal, tandis que les amateurs de jazz se sentiront chez eux au centre d'Art KAAP | De Werf. La jeunesse se pressera à la MaZ.

GROS PLAN

BRUGES, ÉPICENTRE DE LA MUSIQUE CLASSIQUE
SOUNDS GREAT!

Bruges est justement célébré pour ses magnifiques édifices en pierre et ses vues romantiques, mais saviez-vous que la ville jouit également d'une réputation incomparable dans le domaine de la musique classique ? Cette renommée remonte au Moyen Âge, lorsque les polyphonistes flamands de réputation internationale faisaient les riches heures des palais municipaux des grandes familles bourguignonnes. Mais aujourd'hui encore, vous pouvez expérimenter la ville au rythme de la musique classique.

Le carillon de Bruges dans le Beffroi fait résonner chaque semaine ses sonorités dans toute la ville, tandis que le grand orgue séculaire de la cathédrale Saint-Sauveur fait entendre ses timbres puissants pendant la série de concerts annuels. Dans l'imposante Salle de concert, à l'architecture si moderne, les mélomanes les plus exigeants peuvent redécouvrir les plus belles œuvres dans des conditions acoustiques exceptionnelles. Les musiciens de l'orchestre symphonique maison Anima Eterna Brugge donnent des concerts qui ont notamment pour particularité d'être joués sur des types d'instruments qu'entendait et écoutait le compositeur. Bruges est également le biotope du célèbre festival de musique ancienne MAfestival qui propose chaque été un large éventail de concerts et d'activités dans le décor historique de Bruges et de ses environs.

Et avec le Concertgebouw Circuit, Bruges devient littéralement palpable en tant que ville par excellence de la musique classique, car en suivant un parcours original dans ses coulisses, vous apprendrez comment fonctionne une grande salle de concert *(plus d'infos page 60)*.

Quels sont les événements attendus en 2019 ?

Retrouvez dans la liste ci-dessous quelques-uns des événements marquants de l'année à Bruges. Vous voulez savoir quels sont les concerts organisés à Bruges pendant votre séjour ? Consultez la page www.visitbruges.be et imprimez votre propre sélection ou renseignez-vous auprès d'un des **i** bureaux d'informations du Markt (Historium), du Stationsplein (gare ferroviaire) et 't Zand (Salle de concert). Le bureau 't Zand vend également des billets pour différents concerts et festivals.

Janvier

Bach Academie Brugge
16/01/2019 – 20/01/2019
Cette neuvième édition de la Bach Academie Brugge est entièrement dédiée à la relation entre le ciel et la terre, les âmes croyantes et leur Sauveur. Des musiciens talentueux à découvrir et des artistes de renommée mondiale. Sans oublier bien sûr le célèbre Collegium Vocale Gent de Philippe Herreweghe.
INFO > www.concertgebouw.be
(Pour en savoir plus sur Bach et la musique ancienne, lisez l'entretien avec Ayako Ito en page 115.)

Wintervonken (Étincelles d'hiver)
25/01/2019 et 26/01/2019
Réchauffez-vous avec Étincelles d'hiver qui investit la place du Burg pour sa sixième édition. Au programme, du théâtre de rue, des concerts et des parades de feu.
INFO > www.wintervonken.be

DÉCOUVREZ LES SECRETS DE L'ANCIENNE ÉGYPTE
02/01/2019 – 05/01/2020
À Xpo Center Bruges, la fascinante exposition *Mummies in Bruges – Secrets of Ancient Egypt* présente d'authentiques momies et des objets rares vieux de plusieurs millénaires. Un voyage dans le temps pour mieux comprendre la vie des anciens Égyptiens, le regard qu'ils portaient sur la mort et leur foi dans l'au-delà.
INFO > www.xpo-center-bruges.be

MURILLO, DE MENA ET ZURBARÁN MAÎTRES DU BAROQUE ESPAGNOL
08/03/2019 – 06/10/2019

Laissez-vous envoûter à l'Hôpital Saint-Jean par l'art espagnol du XVIIᵉ siècle. Plus de vingt sculptures religieuses et nombre de tableaux pleins de passion sont exposées dans ses immenses salles communes. Une occasion rare de découvrir un aspect peu connu du Siècle d'or espagnol. Le temps fort de l'exposition, outre les peintures de maîtres célèbres tels que Murillo et Zurbarán, est un groupe de sculptures hyperréalistes du plus grand sculpteur du baroque espagnol : Pedro de Mena. Ce choix d'œuvres d'art exceptionnel, toutes issues de collections privées européennes, a pu être rassemblé et présenté au public grâce à un projet de collaboration internationale avec le Musée National d'Histoire et d'Art de Luxembourg.

INFO > www.museabrugge.be

Février

Brugs Bierfestival
(Festival brugeois de la Bière)
02/02/2019 et 03/02/2019
Une semaine durant, Bruges forme « the place-to-beer », avec pas moins de 400 bières savoureuses et 80 brasseries belges.
INFO > www.brugsbierfestival.be

SLOW(36h)
23/02/2019 et 24/02/2019
SLOW(36h) vous offre 36 heures pour vous arrêter, avec notamment les suites pour violoncelle de Bach, une *marche lente* à travers Bruges, un parcours visuel au Salle de concert et l'envoûtante musique soufie. Une ode irrésistible à la lenteur et au minimalisme.
INFO > www.concertgebouw.be

Mars

Bits of Dance
21/03/2019 – 23/03/2019
Un festival de danse qui invite les jeunes danseurs, chorégraphes et interprètes du monde entier à donner sur scène le meilleur d'eux-mêmes. Parce que les jeunes talents méritent d'avoir leur propre podium ! Un must pour tous les défricheurs culturels.
INFO > www.ccbrugge.be

Kosmos Festival
26/03/2019 – 10/04/2019
Concentrez-vous intensément sur la beauté et la puissance de notre univers et découvrez les analogies entre musique et cosmologie. Des images de la NASA sont accompagnées d'une musique orchestrale grandiose et des sons live de l'univers guident six percussion-

UNE PROCESSION TRÈS ANCIENNE

30/05/2019

Chaque année, le jour de l'Ascension, une marée humaine participe à la Procession du Saint-Sang, un défilé à travers Bruges mêlant scènes historiques et récits bibliques. La pièce maîtresse est un reliquaire contenant les quelques gouttes de sang que Thierry d'Alsace, comte de Flandre, aurait reçu pendant la deuxième croisade (1146) des mains du patriarche de Jérusalem. La précieuse relique a été rapportée à Bruges en 1150 et n'a cessé depuis ce temps d'être vénérée à l'intérieur de la basilique du Saint-Sang.

---

nistes et quatre danseurs dans l'espace.
INFO > www.concertgebouw.be
(Plus d'infos sur le spectacle de danse « Les Quatre éléments », au programme du Kosmos Festival, dans les 5 événements à ne pas manquer selon Ayako Ito page 115.)

Avril

More Music !

10/04/2019 – 13/04/2019
La Salle de concert de Bruges et le Cactus Muziekcentrum font de More music ! une rencontre fascinante entre des mondes musicaux apparemment inconciliables. Un concept global qui emmène le visiteur dans un voyage musical et aventureux inoubliable.
INFO > www.moremusicfestival.be

MOOOV-filmfestival (Festival de cinéma)

24/04/2019 – 02/05/2019
MOOOV projette au Cinéma Lumière les meilleurs films provenant de tous les endroits du monde. Des thrillers argentins aux comédies douces-amères sud-coréennes, découvrez un autre visage du cinéma !
INFO > www.mooov.be

Mai

Belmundo

15/05/2019 – 19/05/2019
Embarquez à bord d'un voyage culturel pour l'Espagne, le Portugal et l'Italie, avec beaucoup de musique et d'innombrables activités.
INFO > www.ccbrugge.be

Budapest Festival

16/05/2019 – 18/05/2019
Un festival de musique avec des concerts donnés par l'illustre Budapest Festival Orchestra sous la direction d'Iván Fischer, avec des symphonies romantiques de Schubert et Bruckner et des pièces pour piano de Mozart.
INFO > www.concertgebouw.be
(Plus d'infos sur ce festival page 115,

dans les 5 événements à ne pas manquer selon Ayako Ito.)

Meifoor (Fête foraine de mai)
10/05/2019 – 02/06/2019
Pendant trois semaines, pas moins de 90 attractions foraines donnent des airs de fête à 't Zand.

Juillet

Cactusfestival
05/07/2019 – 07/07/2019
Un festival de musique en plein air décontracté et convivial dans le Minnewaterpark, avec un cocktail irrésistible de la musique d'aujourd'hui dans toute sa diversité. Internationalement réputé, mais aussi très convivial. Un festival à taille humaine qui stimule tous les sens, y compris en marge du podium, avec une offre culinaire riche et variée.
INFO > www.cactusfestival.be

Zandfeesten (Festivités à la place 't Zand)
07/07/2019
Le plus grand marché d'antiquités et de brocante de Flandre, sur 't Zand, attire les chineurs du monde entier.

Cirque Plus
12/07/2019 – 14/07/2019
Festival du cirque gratuit avec des artistes flamands et internationaux sur un emplacement unique : le jardin du Grand séminaire.
INFO > www.cirqueplus.be

MOODS!
26/07/2019 – 03/08/2019
Assistez à des feux d'artifice musicaux et autres aux endroits les plus emblématique du centre-ville de Bruges, comme la cour du Beffroi et le Burg. Un décor enchanteur idéalement conçu pour accueillir des soirées de concert organisées par des artistes belges et internationaux.
INFO > www.moodsbrugge.be

Août

MAfestival
02/08/2019 – 11/08/2019
Ce festival de musique ancienne renommé – MA est l'abréviation de Musica Antiqua – réussit chaque année à rassembler l'élite musicale mondiale à Bruges et dans l'arrière-pays brugeois.
INFO > www.mafestival.be

Zandfeesten (Festivités à la place 't Zand)
04/08/2019
Un grand marché d'antiquités et de brocante organisé sur la place 't Zand.

Benenwerk – Ballroom Brugeoise
10/08/2019
Faites sortir le danseur prodige qui sommeille en vous ! Disséminés dans le centre-ville de Bruges, des groupes musicaux et des DJs vous entraînent sur la piste pour un marathon de danse sur plusieurs scènes avec une variété enivrante de rythmes différents.
INFO > www.benenwerk.be

DES CONCERTS DE CATHÉ-DRALE MAGISTRAUX

D'avril à septembre

Depuis plus de 60 ans, les organistes, chœurs et solistes les plus réputés donnent le meilleur d'eux-mêmes pendant les concerts de cathédrale organisés à la cathédrale Saint-Sauveur *(voir aussi page 72)*. Marcel Dupré, l'un des joueurs d'orgue les plus virtuoses du XXᵉ siècle, a joué sur l'orgue séculaire.

INFO > www.kathedraalconcerten.be

Brugse Kantdagen (Les Journées de la dentelle brugeoise)
15/08/2019 – 18/08/2019

La Walplein et les bâtiments de la brasserie De Halve Maan bourdonnent d'activités autour de la dentelle avec stands d'information et d'exposition, vente de dentelle et démonstrations.

INFO > www.kantcentrum.eu
(Pour en savoir plus sur le Centre de la dentelle, consultez la page 66.)

Lichtfeest (Fête de la lumière)
16/08/2019 et 17/08/2019

Lissewege, le « village blanc des polders », se couvre d'un féérique manteau de lumières. Dès la tombée de la nuit, laissez-vous enchanter par l'atmosphère, le théâtre de rue et toutes sortes d'éclairages et de jeux de feu.

INFO > www.lichtfeestlissewege.be

Septembre

Open Monumentendag (Journée du patrimoine en Flandre)
07/09/2019 et 08/09/2019

Pour sa 31ᵉ édition déjà, Bruges ouvre au public les portes de ses plus beaux monuments le deuxième weekend de septembre.

INFO > www.bruggeomd.be

Zandfeesten (Festivités à la place 't Zand)
22/09/2019

Grand marché d'antiquités et de brocante sur la place 't Zand.

Kookeet (Cuisine-mange)
28/09/2019 – 30/09/2019

La neuvième édition de Kookeet se tiendra dans un élégant village de tentes. Pendant ces rencontres culinaires hautement savoureuses, 31 grands chefs brugeois et un prestigieux chef invité vous préparent de succulents mets gastronomiques à des prix défiant toute concurrence *(voir aussi page 91)*.

INFO > www.kookeet.be

CONCERT DE CARILLONS

À Bruges, vous pouvez profiter toute l'année d'un concert de carillons, live et gratuit ! Cela se passe les mercredis, samedis et dimanches de 11h à 12h. De la mi-juin à la mi-septembre, la ville organise également des concerts en soirée : les lundis et mercredis de 21h à 22h. La cour intérieure du Beffroi est un cadre enchanteur pour écouter la musique.
INFO > www.carillon-brugge.be

Octobre

Iedereen Klassiek
(Tout le monde classique)
26/10/2019

La chaîne de musique classique Klara et la Salle de concert de Bruges s'associent pour vous faire découvrir la beauté de Bach, de Beethoven et de Bruges. Ce festival de musique classique se clôt traditionnellement par un concert donné par le Brussels Philharmonic.
INFO > www.concertgebouw.be

Novembre

Wintermarkt (Marché d'hiver)
22/11/2019 – 01/01/2020

Pendant plus d'un mois, écarquillez les yeux d'émerveillement en visitant le marché de Noël de la Grand-Place et de la Simon Stevinplein. Sur la Grand-Place, vous pourrez même chausser vos patins à glace !

Décembre

December Dance
06/12/2019 – 16/12/2019

Le rendez-vous annuel des amateurs de danse du monde entier. Ce festival de plusieurs jours réunit des valeurs sûres et de jeunes talents qui se produisent à divers endroits de la ville. Het L'édition 2019 a pour invité d'honneur et curateur le collectif des arts de la scène bruxellois Needcompany et Jan Lauwers.
INFO > www.decemberdance.be

Dates et événement sont sujets à modification.

Maisons culturelles

♿ 🛜 17 Concertgebouw (Salle de concert)

Vous y vivez le meilleur de la danse contemporaine et de la musique classique. L'imposante salle de concert de 1 289 places et la salle de musique de chambre de 322 places sont réputées pour leur acoustique de haut niveau. La salle de concert abrite en plus une superbe sélection d'œuvres d'art contemporain. Profitez-en pour jeter pendant la journée un regard dans les coulisses avec le Concertgebouw Circuit *(voir pages 60 et 114)*.

INFO ET BILLETS > 't Zand 34, selon les heures d'ouverture du Concertgebouw Circuit ou tél. +32 (0)70 22 12 12 (du lundi au vendredi, 14h-17h), www.concertgebouw.be

🛜 28 KAAP | De Werf

KAAP Creative Compass, centre d'art contemporain, fermente à Bruges dans deux endroits différents : De Werf et De Groenplaats. Dans ce dernier emplacement, les artistes peuvent donner libre cours à leurs projets en toute quiétude. Le centre d'art De Werf accueille des représentations théâtrales et des concerts de jazz en provenance du monde entier tous plus ébouriffants les uns que les autres. Mais KAAP aime aussi investir la rue en invitant artistes et public à se laisser inspirer par l'espace public.

INFO ET BILLETS > Werfstraat 108, tél. +32 (0)70 22 12 12 (du lundi au vendredi, 14h-17h), www.kaap.be

Salle de concert

Théâtre municipal

♿ 📶 ③① Magdalenazaal (MaZ, Salle Magdalena)

Avec son architecture de black-box, la MaZ se prête idéalement à tout genre d'événements. Le centre culturel de Bruges et le Cactus Muziekcentrum y organisent des concerts de musique pop et rock avec des célébrités et talents prometteurs des clubs. Mais aussi les artistes du théâtre et de la danse l'utilisent comme leur plateforme. Également au programme : des spectacles pour les enfants et la famille.

INFO ET BILLETS > Magdalenastraat 27, Sint-Andries, tél. +32 (0)50 44 30 60 (du mardi au vendredi, 13h-17h ; samedi, 16h-19h ; fermé du 01/07 jusqu'au 15/08 et les jours fériés), www.ccbrugge.be

♿ 🎻 📶 ④① Stadsschouwburg (Théâtre municipal)

Le théâtre municipal de Bruges (1869), qui fête cette année son 150ᵉ anniversaire, est l'un des théâtres municipaux les mieux conservés d'Europe. Derrière la sobre mais distinguée façade néo-Renaissance de ce théâtre royal se cache un opulent foyer aussi somptueux qu'un palais et une salle de théâtre majestueuse en rouge et or. Au programme, des spectacles de danse contemporaine et de théâtre mais aussi une grande variété de concerts.

INFO ET BILLETS > Vlamingstraat 29, tél. +32 (0)50 44 30 60 (du mardi au vendredi, 13h-17h ; samedi, 16h-19h ; fermé du 01/07 jusqu'au 15/08 et les jours fériés), www.ccbrugge.be

Shopping à Bruges

Hoogstraat

Bruges est souvent associée à la virtuosité et au savoir-faire incomparable des artisans du Moyen Âge, mais encore aujourd'hui, la ville est
un terrain fertile pour les entrepreneurs créatifs. Vous y trouverez de
nombreux magasins authentiques, avec ce surcroît d'âme qui fait toute
la différence, à côté des galeries d'art réputées et des antiquaires.
Faire du shopping à Bruges est un véritable voyage de découverte parmi les créateurs originaux les plus à la mode, les boutiques vintages et
les enseignes de renom gérées d'une main experte par une même famille depuis de longues années.

HANDMADE IN BRUGGE
LA VILLE AU GRÉ DE SES ARTISANS

À Bruges, vous trouverez des fabricants passionnés et passionnants qui prouvent chaque jour que l'artisanat a encore une longue vie devant lui et que le savoir-faire de Bruges est intemporel. Handmade in Bruges met à l'honneur les fabricants qui fabriquent à la main et localement les produits étiquetés du label Handmade in Bruges. Le guide Handmade in Brugge (disponible en français, néerlandais, allemand et anglais et distribué gratuitement dans les 🛈 bureaux d'information) rassemble tous ces artisans et les placent au sens propre et figuré sur la carte, en sorte que vous puissiez identifier sans vous tromper un des nombreux magasins ou ateliers d'articles faits main, où vous trouverez certainement de quoi vous faire plaisir ou surprendre votre entourage.

N'oubliez pas de faire un détour par « De Makersrepubliek » au numéro 14 de la Academiestraat, une maison portes ouvertes pour les créateurs brugeois, les jeunes entrepreneurs et les start-ups. Le port d'attache de Handmade in Brugge se situe Sint-Jakobsstraat 36 (www.handmadeinbrugge.be).
Retrouvez pages 121 et 130 d'autres bonnes adresses de boutiques spécialisées et tout ce qu'il faut savoir sur #LocalLove et #ArtandAntiques.

Où acheter ?

À Bruges, faire du shopping est une expérience des plus agréables grâce à un réseau de rues piétonnes idéalement reliées les unes aux autres. Vous y trouvez les enseignes connues mais aussi de petites boutiques familiales ou artisanales au savoir-faire inégalé. Les rues commerçantes principales (indiquées en jaune sur le plan détachable de la ville) s'étendent du Markt aux anciennes portes de la ville. Entre la Noordzandstraat et la Zuidzandstraat se cache le petit, mais élégant centre commercial Zilverpand. Chaque quartier possède son propre caractère. Dans la Steenstraat & co, vous pouvez retrouver les marques les plus fameuses tandis que sur la Langestraat, vous découvrirez des boutiques vintage et autres curiosités. Les grandes surfaces sont situées juste à l'extérieur du centre-ville.

Quand faire du shopping ?

La majorité des magasins ouvrent à 10h et ferment à 18h ou 18h30, du lundi au samedi inclus. Mais le dimanche aussi, vous n'avez aucune raison de repartir de Bruges les mains vides. De nombreuses boutiques sont déjà ouvertes le dimanche, mais tous les premiers dimanches du mois, de 13h à 18h, sauf les jours fériés, elles sont encore plus nombreuses à ouvrir les portes. Pour rendre votre shopping encore plus agréable, les rues commerçantes suivantes sont piétonnes ou à circulation restreinte les samedis après-midi et dimanches shopping (de 13h à 18h) : Zuidzandstraat,

> CONSEIL
>
> Vous cherchez des adresses de shopping inspirantes ? Retrouvez-les à la rubrique « Conseils d'initiés de Bruges », pages 102-103, 110-111, 118-119, 126-127, 134-135.

Steenstraat, Geldmuntstraat en Noordzandstraat.

Souvenirs typiques de Bruges

Au XIVᵉ siècle déjà, le commerce du diamant prospérait à Bruges ; la ville comptait par ailleurs quelques usines réputées de taille de diamants. Dans le Diamantlabo du Musée du diamant de Bruges, vous apprendrez comment expertiser la valeur des joyaux. En sortant, vous pourrez peut-être, en fin connaisseur, faire l'affaire de votre vie chez l'un des nombreux bijoutiers de la ville. *Plus d'informations sur le Musée du diamant de Bruges en page 61.*

La dentelle a toujours fait partie de l'histoire de Bruges. Il fut même un temps où un quart des Brugeoises travaillaient

l'annuel Brugs Bierfestival ou visitez le Bruges Beer Experience, situé sur le Markt. *Plus d'informations sur les brasseries De Halve Maan et Bourgogne de Flandres, ainsi que sur le Bruges Beer Experience en pages 57-59 ; plus d'infos sur la brasserie Fort Lapin sur www.fort lapin.com ; plus d'informations sur le Festival brugeois de la Bière en page 79.*

dans la dentelle. Aujourd'hui, vous pouvez voir des dentellières à l'ouvrage dans quelques boutiques de dentelle. *Plus d'informations sur la dentelle et sur le Centre de la dentelle en page 66.*

Tout bon Brugeois qui se respecte aime savourer, de temps à autre, une bonne bière. La ville peut s'enorgueillir de quelques bières locales : la *Straffe Hendrik* et la *Brugse Zot* sont brassées à la brasserie De Halve Maan, en plein centre-ville historique. Huit bières artisanales, dont la triple *Fort Lapin 8* et la quadruple *Fort Lapin 10*, sont brassées à la brasserie Fort Lapin, à la périphérie de Bruges. Quant à la *Bourgogne des Flandres*, vous pouvez la déguster dans la brasserie du même nom, le long du Dijver. Passionné de bière ? Participez à

Vous préférez l'onctuosité du chocolat ? Savourez votre bonheur chez l'un des 50 chocolatiers de Bruges. Vous y trouverez de succulents carrés à l'ancienne, des délices salés à déguster en se léchant les doigts mais aussi d'ingénieuses préparations moléculaires préparées sur mesure par de grands chefs étoilés. Saviez-vous que Bruges a sa propre praline (le « Brugsch Swaentje », que les Brugeois ont eux-mêmes élu comme la plus savoureuse des confiseries) et son propre chocolat (« Sjokla », à base de cacao équitable) ? *Plus d'informations sur le chocolat en pages 59-60.*

Sjokla

Bruges gastronomique

Le bouillonnement de la scène culinaire brugeoise n'est pas une légende. Bruges est un véritable paradis pour les gourmets. Tables de grands chefs étoilés mondialement réputés, brasseries familiales et authentiques, spécialités culinaires (inter)nationales, il y en a pour tous les goûts et toutes les bourses.

KOOKEET
LE FESTIVAL DÉDIÉ À LA CUISINE GASTRONO-MIQUE, AVEC LA PARTICIPATION DE GRANDS CHEFS BRUGEOIS ET UN INVITÉ D'HONNEUR

Chaque année, pas moins de 100 000 visiteurs participent au festin culinaire de Kookeet qui célèbre cette année sa neuvième édition. La recette de son succès ? Pendant trois jours, les plus grands chefs brugeois et un invité d'honneur préparent des plats de très haute cuisine proposés à des prix imbattables. Les visiteurs composent eux-mêmes leur menu à partir d'une riche variété de plats, à leur propre rythme. Les grands chefs brugeois participants appartiennent tous à la crème des cuisiniers brugeois et se sont tous vus décernés une ou plusieurs étoiles Michelin, un Bib gourmand ou une note élevée dans le Gault&Millau.

Plus d'informations en page 82 et sur www.kookeet.be

Les bonnes tables primées

» **De Jonkman**   Maalse Steenweg 438, 8310 Sint-Kruis, tél. +32 (0)50 36 07 67,
www.dejonkman.be (Michelin : 2 étoiles, Gault&Millau : 18/20)

» **Zet'Joe**   Langestraat 11, 8000 Brugge, tél. +32 (0)50 33 82 59,
www.zetjoe.be (Michelin : 1 étoile, Gault&Millau : 17/20)

» **Sans Cravate**   Langestraat 159, 8000 Brugge, tél. +32 (0)50 67 83 10,
www.sanscravate.be (Michelin : 1 étoile, Gault&Millau : 16,5/20)

» **Den Gouden Harynck**   Groeninge 25, 8000 Brugge, tél. +32 (0)50 33 76 37,
www.goudenharynck.be (Michelin : 1 étoile, Gault&Millau : 16/20)

» **Goffin**   Maalse Steenweg 2, 8310 Sint-Kruis, tél. +32 (0)50 68 77 88,
www.timothygoffin.be (Michelin : 1 étoile, Gault&Millau : 15,5/20)

» **Auberge De Herborist**   De Watermolen 15, 8200 Sint-Andries, tél. +32 (0)50 38 76 00,
www.aubergedeherborist.be (Michelin : 1 étoile, Gault&Millau : 15/20)

» **Bistro Bruut**   Meestraat 9, 8000 Brugge, tél. +32 (0)50 69 55 09,
www.bistrobruut.be (Gault&Millau : 15,5/20)

» **L.E.S.S.**   Torhoutse Steenweg 479, 8200 Sint-Michiels, tél. +32 (0)50 69 93 69,
www.l-e-s-s.be (Gault&Millau : 15/20)

» **Patrick Devos**   Zilverstraat 41, 8000 Brugge, tél. +32 (0)50 33 55 66,
www.patrickdevos.be (Gault&Millau : 15/20)

» **Rock-Fort**   Langestraat 15-17, 8000 Brugge, tél. +32 (0)50 33 41 13,
www.rock-fort.be (Gault&Millau : 15/20)

» **Floris**   Gistelse Steenweg 520, 8200 Sint-Andries, tél. +32 (0)50 73 60 20,
www.florisrestaurant.be (Gault&Millau : 14,5/20)

» **Tête Pressée**   Koningin Astridlaan 100, 8200 Sint-Michiels, tél. +32 (0)470 21 26 27,
www.tetepressee.be (Gault&Millau : 14,5/20)

» **Bistro Refter**   Molenmeers 2, 8000 Brugge, tél. +32 (0)50 44 49 00,
www.bistrorefter.be (Gault&Millau : 14/20, sélectionné comme Bib Gourmand)

» **bonte B**   Dweersstraat 12, 8000 Brugge, tél. +32 (0)50 34 83 43,
www.restaurantbonteb.be (Gault&Millau : 14/20)

» **Franco Belge**   Langestraat 109, 8000 Brugge, tél. +32 (0)50 69 56 48,
www.restaurantfrancobelge.be (Gault&Millau : 14/20)

» **Hubert Gastrobar**   Langestraat 155, 8000 Brugge, tél. +32 (0)50 64 10 09,
www.gastrobar-hubert.be (Gault&Millau : 14/20)

» **Le Mystique**   Niklaas Desparsstraat 11, 8000 Brugge, tél. +32 (0)50 44 44 45,
www.lemystique.be (Gault&Millau : 14/20)

» **'t Pandreitje**   Pandreitje 6, 8000 Brugge, tél. +32 (0)50 33 11 90,
www.pandreitje.be (Gault&Millau : 14/20)

» **Tanuki**   Oude Gentweg 1, 8000 Brugge, tél. +32 (0)50 34 75 12,
www.tanuki.be (Gault&Millau : 14/20)

» **Assiette Blanche**   Philipstockstraat 23-25, 8000 Brugge, tél. +32 (0)50 34 00 94,
www.assietteblanche.be (Gault&Millau : 13,5/20, sélectionné comme Bib Gourmand)

» **Bistro Rombaux**   Moerkerkse Steenweg 139, 8310 Sint-Kruis,
tél. +32 (0)50 73 79 49, www.bistrorombaux.be (Gault&Millau : 13/20)

» **Cantine Copine**   Steenkaai 34, 8000 Brugge, tél. +32 (0)470 97 04 55,
www.cantinecopine.be (Gault&Millau : 13/20)

» **De Mangerie**   Oude Burg 20, 8000 Brugge, tél. +32 (0)50 33 93 36,
www.mangerie.com (Gault&Millau : 13/20)

» **Goesepitte 43**   Goezeputstraat 43, 8000 Brugge, tél. +32 (0)50 66 02 23,
www.goesepitte43.be (Gault&Millau : 13/20)

» **Kok au Vin**   Ezelstraat 21, 8000 Brugge, tél. +32 (0)50 33 95 21,
www.kok-au-vin.be (Gault&Millau : 13/20, sélectionné comme Bib Gourmand)

» **Komtuveu**   Gentpoortstraat 51, 8000 Brugge, tél. +32 (0)495 62 53 29,
www.komtuveu.com (Gault&Millau : 13/20)

» **La Buena Vista**   Sint-Clarastraat 43, 8000 Brugge, tél. +32 (0)50 33 38 96
(Gault&Millau : 13/20)

» **La Tâche**   Blankenbergse Steenweg 1, 8000 Sint-Pieters, tél. +32 (0)50 68 02 52,
www.latache.be (Gault&Millau : 13/20)

» **Lieven**   Philipstockstraat 45, 8000 Brugge, tél. +32 (0)50 68 09 75,
www.etenbijlieven.be (Gault&Millau : 13/20)

» **'t Jong Gerecht**   Langestraat 119, 8000 Brugge, tél. +32 (0)50 31 32 32,
www.tjonggerecht.be (Gault&Millau : 13/20)

» **Parkrestaurant**   Minderbroedersstraat 1, 8000 Brugge, tél. +32 (0)497 80 18 72,
www.parkrestaurant.be (Gault&Millau : 12/20)

» **The Blue Lobster**   Tijdokstraat 9, 8380 Zeebrugge, tél. +32 (0)50 68 45 71,
www.thebluelobster.be (Gault&Millau : 12/20)

» **Tom's Diner**   West-Gistelhof 23, 8000 Brugge, tél. +32 (0)50 33 33 82,
www.tomsdiner.be (Gault&Millau : 12/20)

» **Tou.Gou**   Smedenstraat 47, 8000 Brugge, tél. +32 (0)50 70 58 02,
www.tougou.be (Gault&Millau : 12/20, sélectionné comme Bib Gourmand)

» **'t Werftje**   Werfkaai 29, 8380 Zeebrugge, tél. +32 (0)497 55 30 10,
www.twerftje.be (Gault&Millau : 12/20)

Retrouvez d'autres adresses savoureuses à la rubrique « Conseils d'initiés de Bruges »,
pages 100-101, 108-109, 116-117, 124-125, 132-133.

Markt

Conseils d'initiés de **Bruges**

Bruges, ville du patrimoine mondial

Sonia Papili dévoile
le visage italien de Bruges

Rozenhoedkaai

En semaine, l'Italienne Sonia Papili étudie la mer du Nord avec le plus grand sérieux. Le week-end, c'est avec passion qu'elle entraîne ses compatriotes à la découverte de la ville. Sa passion pour Bruges, vieille de treize ans, est aujourd'hui plus forte que jamais.

PROFIL

Nom : Sonia Papili
Nationalité : italienne
Date de naissance : 17 mai 1972
Réside à Bruges depuis 2006. Sonia est géologue
au Ministère de la Défense et Guide touristique
à Bruges.

Deux géologues, l'un rattaché à l'Université de Gand, l'autre à celle de Rome, se rencontrent sur un bateau à Istanbul pour évoquer le changement climatique. On peut rêver pire comme début d'histoire d'amour. Pendant trois ans, le couple fait la navette entre l'Italie et la Belgique avant de s'installer définitivement à Bruges. « Je n'étais venue qu'une seule fois à Bruges », raconte Sonia. « Je connaissais bien mieux Gand mais mon mari estimait que Bruges conviendrait mieux à mon tempérament. Il a vu juste : Bruges est vraiment ma ville de cœur ! » Depuis, Sonia a appris le néerlandais et poursuit son métier de géologue. Pendant son parcours d'intégration, elle est devenue de plus en plus curieuse quant à l'histoire de sa nouvelle ville d'adoption. « Pendant les cours de langue, des fragments d'histoire remontaient à la surface. Cela m'a intrigué. Je me suis donc inscrite à une formation de trois ans pour devenir guide officielle de Bruges. »

« Je connaissais bien mieux Gand mais mon mari estimait que Bruges conviendrait mieux à mon tempérament. Il a vu juste : Bruges est vraiment ma ville de cœur ! »

POURQUOI BRUGES EST VILLE DU PATRIMOINE MONDIAL

En 1998, le Béguinage de Bruges a été inscrit au patrimoine mondial de l'UNESCO. Un an plus tard, ce fut au tour du Beffroi et, en 2000, de l'ensemble du centre historique. Depuis 2009, la procession du Saint-Sang est également inscrite au patrimoine culturel immatériel de l'humanité. Bruges dispose également d'un précieux patrimoine architectural et offre un merveilleux exemple d'harmonie architecturale. Bruges est mondialement réputée pour son architecture gothique en briques. Son authentique tissu urbain médiéval, qui s'est développé de manière organique, a su être protégé tout au long des siècles. Bruges est aussi le « berceau » des primitifs flamands. Autant de bonnes raisons pour l'UNESCO d'inscrire Bruges au patrimoine mondial de l'humanité.

XPLORE BRUGES – l'application officielle balades en ville

Explorez Bruges avec l'application gratuite Xplore Bruges. Vous y trouverez des promenades en ville, des balades à vélo et des visites de lieux couverts. Presque toutes les visites sont disponibles en cinq langues : français, néerlandais, allemand, anglais et espagnol. Vous avez actuellement le choix entre seize itinéraires différents. De « Bruges anno 1562 » aux « Trésors cachés de l'église Saint-Jacques » en passant par « La ville au gré de ses artisans ». Il y en a pour tous les goûts...

Conseil : Une fois que votre itinéraire préféré est téléchargé (à la maison ou dans une zone Wi-Fi), vous n'avez plus besoin d'Internet mobile pour suivre l'itinéraire. Si vous n'avez pas l'expérience du téléchargement d'applications, rendez-vous sur le site www.xplorebruges.be.

L'art italien

Pendant sa formation pour devenir guide, Sonia découvre rapidement qu'elle n'est pas la première Italienne à avoir craqué pour Bruges. Du XIIIe au XVe siècle, Bruges a été une importante plaque tournante du commerce et en-

tretenait d'intenses relations avec les grandes cités commerciales d'Europe. Et certainement avec les villes italiennes, qui avaient déjà, vers l'an 1300, dessiné la carte définitive du commerce maritime et choisi Bruges comme port d'attache. Inspirés par le succès des marchands italiens, d'autres commerçants européens vinrent à leur tour s'installer à Bruges qui est progressivement devenu le pendant commercial complet de Venise. La « Venise du Nord » était née, mais on pouvait aussi dire de Venise qu'elle était la « Bruges du Sud ». « Cette découverte m'a permis de me familiariser avec la ville – en particulier le quartier italien – en portant sur elle un autre regard. »
« Le fait que les Italiens y ont pratiqué le commerce n'est plus un secret pour personne, mais ils ont également laissé

sé un héritage artistique », explique Sonia qui, pour sa thèse, a étudié la présence de l'art italien à Bruges. « On connait bien sûr la *Vierge à l'Enfant* de Michel-Ange dans l'église Notre-Dame, mais il y a bien d'autres chefs-d'œuvre italiens à admirer. Je pense au poétique *Les veines du cloître* de Giuseppe Penone, sur le site de l'Ancien Saint-Jean. Ou aux trois sculptures de l'artiste contemporain Mario Molinari, bien connu en Italie, dont l'une se trouve sur la Kustlaan à Zeebruges, près de l'ancienne criée au poisson. Je soupçonne que les magnifiques médaillons de Laurent de Médicis et de son épouse Clarisse Orsini dans la Cour Bladelin sont de facture italienne, mais je n'ai pas encore réussi à le prouver. »

« Ce qui est certain, c'est que les Médicis, famille de banquiers florentins, ont exploité une succursale bancaire au XVe siècle dans la Cour Bladelin. Les récentes statues de l'Hôtel de ville sont également assez exceptionnelles. Elles ont été sculptées dans les années 1980 par Stefaan Depuydt (1937-2016) et son épouse italienne, Livia Canestraro. Dans deux d'entre elles, on peut distinguer un autoportrait du couple. Vous pouvez d'ailleurs découvrir des œuvres de ce couple d'artistes dans de nombreux endroits à Bruges. Quelle magnifique collaboration transfrontalière ! »

Dès leur plus tendre enfance

Entre-temps, Sonia transmet son amour de Bruges à ses anciens compa-

Les veines du cloître

triotes. « Les Italiens trouvent fantastique d'être ainsi guidés dans leur langue. Il s'agit souvent de leur première visite à Bruges et puisque je peux communiquer de façon privilégiée avec eux, je peux leur montrer davantage de choses. Mais la première chose qu'ils veulent savoir, c'est si la vie est agréable ici. Qu'en est-il des écoles, comment vivons-nous ?... Je peux vraiment les rassurer : Bruges est très agréable à vivre. »

Même sa propre famille connaît à présent les plus beaux endroits de Bruges. « La ville continue d'évoluer. Dès qu'une nouvelle initiative est prise, j'ai envie de tout savoir la concernant. J'ai transmis ce goût de Bruges à mes trois filles qui adorent cette ville depuis leur plus tendre enfance. »

(Si vous voulez découvrir Bruges en compagnie d'un guide officiel de la ville, rendez-vous en pages 48-49.)

Les bonnes adresses de
Sonia Papili

ENDROIT FAVORI

» **Coupure**

« J'adore me promener près du canal
Coupure, un havre de calme et de sérénité en plein centre-ville. La façon
dont l'alignement majestueux des
arbres trace une ligne verte le long du
canal est, à mes yeux, de l'art à l'état
pur. Notre famille est, pour diverses
raisons, très attachée à ce lieu. »

RESTAURANTS

» **La Tâche**, Blankenbergse
    Steenweg 1, tél. +32 (0)50 68 02 52,
    www.latache.be

« Mon mari est allé manger plusieurs
fois dans ce restaurant et il est revenu
à chaque fois enchanté par la carte. Ce
restaurant propose une cuisine classique, avec des accents du Sud, dans
une magnifique maison de maître. La
Tâche figure en tête de mes restaurants
à découvrir. »

» **Sans Cravate**, Langestraat 159, tél. +32 (0)50 67 83 10,
    www.sanscravate.be

« De loin notre restaurant préféré ! Il a reçu une étoile bien méritée. Nous n'y
dînons évidemment pas chaque mois mais c'est l'endroit où nous allons quand
nous avons un événement à fêter. La cuisine du chef Henk est à la fois contemporaine et classique. »

» De Schaar, Hooistraat 2, tél. +32 (0)50 33 59 79, www.bistrodeschaar.be
« Le restaurant idéal si vous voulez vraiment profiter du canal Coupure,
mon endroit préféré de la ville. En été, il est très agréable de s'asseoir sur la
terrasse au bord de l'eau et, en hiver, de profiter de la convivialité offerte par
la superbe cheminée. »

» De Bottelier, Sint-Jakobsstraat 63, tél. +32 (0)50 33 18 60,
   www.debottelier.com
« Voici une adresse vraiment sans fioritures avec une cuisine saine mettant l'ac-
cent sur les légumes... et des prix doux. Ajoutez-y un décor charmant et vous
comprendrez pourquoi ce restaurant affiche souvent complet. »

» Du Phare, Sasplein 2, tél. +32 (0)50 34 35 90, www.duphare.be
« Après une promenade dominicale le long des remparts ou après avoir gravi les
marches d'un moulin, il n'y a pas d'endroit plus agréable pour reprendre son
souffle que la grande terrasse ensoleillée Du Phare. Si le temps n'est pas de
la partie, vous apprécierez l'intérieur cosy de ce bistrot réputé pour sa cuisine
internationale de saison. »

CAFÉS

» Café Rose Red, Cordoeaniers-
   straat 16, tél. +32 (0)50 33 90 51,
   www.caferosered.com
« Pour être honnête, je ne suis pas une
grande buveuse, mais j'aime les dé-
gustations. Et le Café Rose Red est
l'endroit idéal pour découvrir une
sélection des meilleures bières belges.
Et il y en a beaucoup ! »

» De Belleman Pub, Jozef Suvéestraat 22, tél. +32 (0)50 34 19 89
« Les Brugeois appellent affectueusement ce pub situé au coin de la Koningin
Astridpark le « Bellemans' ». J'adore l'atmosphère britannique qui y règne et le
fait que vous pouvez facilement fraterniser avec les habitués qui le fréquentent
depuis des années. »

» De Proeverie, Katelijnestraat 6, tél. +32 (0)50 33 08 87, www.deproeverie.be
« Le meilleur chocolat au lait de Bruges se boit dans ce salon de thé à l'allure
très british. Du chocolat fraîchement fondu avec du lait chaud : il n'en faut
pas plus pour être au septième ciel. Et je ne parle même pas des glaces
maison, des gâteaux et des scones... On se pourlèche littéralement les babines
à la Proeverie ! »

» De Zolder, Vlamingstraat 53, tél. +32 (0)477 24 49 05
« Un café situé dans une cave baptisée De Zolder (le Grenier), on ne trouve
ça qu'en Belgique... De Zolder est un café très convivial où l'on prend plaisir à
déguster des bières locales dans un cadre médiéval. Le personnel est particulièrement accueillant. Bref : l'endroit idéal pour se retrouver entre amis. »

» Grand Hotel Casselbergh, Hoogstraat 6, tél. +32 (0)50 44 65 00,
www.grandhotelcasselbergh.com
« Le bar élégant et stylé du Grand Hôtel Casselbergh est un endroit agréable
pour passer le temps avant ou après le dîner, assis au bar ou dans un fauteuil
des plus confortables. Une façon de commencer la nuit – ou de la terminer –
avec beaucoup de panache. Les non-clients de l'hôtel sont également accueillis
à bras ouverts. »

BOUTIQUES

» Callebert, Wollestraat 25,
tél. +32 (0)50 33 50 61,
www.callebert.be

« Moi qui adore le design, je suis comme
un poisson dans l'eau chez Callebert, un
concentré de styles à la beauté intem-
porelle. Ne manquez pas le départe-
ment enfants qui réjouira instantané-
ment petits et grands. »

» Da Vinci, Geldmuntstraat 34, tél. +32 (0)50 33 36 50, www.davinci-brugge.be
« Qu'il fasse un froid piquant ou une chaleur tropicale, visiteurs et Brugeois font
la file patiemment, en rangs serrés. La variété de saveurs est inimaginable.
Tout est fait maison ici, des glaces jusqu'aux coulis. »

» De Witte Pelikaan, Vlamingstraat 23,
tél. +32 (0)50 34 82 84,
www.dewittepelikaan.be

« Si vous aimez Noël, vous raffolerez
du Witte Pelikaan. Laissez-vous
inspirer par ses boules et ses cloches
de Noël ! Des sapins de Noël partout,
couverts de décorations en verre traditionnelles, de boules spéciales et d'or-
nements bon marché ou très coûteux. Si vous ne trouvez pas la décoration de
Noël de vos rêves, vous ne la trouverez nulle part ! »

» Krokodil, Sint-Jakobsstraat 47, tél. +32 (0)50 33 75 79, www.krokodil.be
« Une valeur sûre si vous avez des enfants. Pas de camelote jetable mais de
vrais et beaux jouets, solides et intemporels. »

» BbyB, Sint-Amandsstraat 39, tél. +32 (0)50 70 57 60, www.bbyb.be
« Chez BbyB, découvrez toute une gamme de petits chocolats haute couture,
presque trop beaux pour être mangés. Avec une créativité de tous les instants,
ce concept store vous invite à succomber à de nouvelles alliances de goûts vraiment originales. Comment résister au chocolat à la rhubarbe, au spéculoos,
à la babelutte ou à l'anis étoilé ? »

ENDROIT SECRET

**» Vestiges de l'ancienne
Cathédrale Saint-Donat**,
Burg 10, tél. +32 (0)50 44 68 44

« Sous le prestigieux Crowne Plaza
Hotel se cachent les vestiges de
l'ancienne **Cathédrale Saint-
Donat**. Au Moyen Âge, elle était
le témoin, sur le Burg, de la toute-puissance de l'Église. Mais elle était aussi
l'église de la cour des comtes de Flandre. Envie de vous plonger dans les ra-
cines historiques de la ville ? Demandez à la réception de l'hôtel l'autorisation
de jeter un œil dans les caves car l'histoire de Bruges est aussi inscrite dans
ses sous-sols... »

Les primitifs flamands à l'honneur

Les chefs-d'œuvre séculaires continuent d'émouvoir Till-Holger Borchert

Musée Groeninge

Il est né à Hambourg et a récemment déménagé de Bruxelles à Bruges, où il travaille depuis dix-huit ans. Entre six siècles de beaux-arts, il savoure pleinement la splendeur des primitifs flamands. En 2002, Till-Holger Borchert a été l'un des commissaires de Bruges, capitale européenne de la culture. Aujourd'hui, il est directeur général de Musea Brugge, et en plus conservateur du Musée Groeninge et de l'Arentshuis de Bruges.

« Bruges est une ville exceptionnellement belle », affirme Till-Holger Borchert. « Et en plus très agréable à vivre,
grâce à la manière intelligente dont son
caractère médiéval reste préservé au
cœur d'une ambiance moderne. Au
XIIIe siècle vivait ici une concentration de
riches bourgeois et la ville a prospéré
jusqu'à devenir le centre commercial de
l'Europe du Nord-Ouest. Au XVe siècle, le
pouvoir bourguignon a pris avec succès
des mesures structurelles pour favori-
ser la natalité et cela a profité au développement de la ville. Contrairement
aux autres villes, Bruges a été presque
épargnée par les ravages du Beelden-
storm, la crise iconoclaste qui a éclaté
au XVIe siècle. Cet esprit de respect
règne encore de nos jours, à ma plus
grande joie et à celle d'innombrables
habitants et visiteurs. »

Les Madones de la rue

« Chaque jour ou presque, je viens saluer ici deux chefs-d'œuvre : le diptyque *Vierge et Maarten van Nieuwenhove* de Hans Memling à l'Hôpital
Saint-Jean et la *Vierge au chanoine
Joris van der Paele* de Jan van Eyck au
Musée Groeninge. Je ne prétends pas
voir chaque fois quelque chose de neuf
mais ma curiosité reste toujours aussi
entière et mon plaisir intact. Je continue donc de faire des recherches tel-

*« Chaque jour ou presque,
je viens saluer ici
deux chefs-d'œuvre. »*

lement le sujet me passionne. On peut se demander ce qui continue d'attirer depuis des siècles les amateurs du monde entier à venir admirer les primitifs flamands. Pour ma part, je crois que cela a beaucoup à voir avec le fait que pour la première fois dans notre histoire de l'art, des gens et des objets ressemblent aux gens et aux objets de notre propre environnement. Même une madone ressemble à une passante qu'on peut croiser. Les primitifs flamands ont fondé un concept artistique qui, dans son réalisme, est également compréhensible pour le spectateur contemporain. Ils ont découvert l'individu. De plus, ils étaient passés maîtres dans l'art de résoudre les problèmes. Incroyablement habiles et inventifs, ils exploraient les possibilités de l'espace, par exemple en plaçant un miroir dans un intérieur de pièce. Dans le diptyque de Memling, on distingue à gauche derrière la Vierge, un

miroir rond qui réfléchit l'endroit où elle est assise. Sa propre silhouette y est peinte tout près de l'image du commanditaire, le patricien Maarten van Nieuwenhove. C'est magnifique. Ces œuvres continuent-elles de

GRUUTHUSE ÉMERVEILLE COMME JAMAIS AUPARAVANT

2019 est l'année du Musée Gruuthuse. Ce luxueux palais du XVe siècle rouvre ses portes fin mai. Après une longue période de restauration, le bâtiment est de nouveau prêt à émerveiller ses visiteurs, comme il le faisait il y a des siècles lorsque les seigneurs de Gruuthuse y avaient élu domicile. Le musée retrace 500 ans d'histoire brugeoise passionnante : une riche collection d'objets, de documents et de manuscrits qui redonne vie aux destins des puissants et des élites fortunées qui ont façonné le visage de la ville. Le musée donne également accès à l'authentique oratoire reliant le palais Gruuthuse à l'église Notre-Dame. Depuis cette chapelle privée unique en son genre, les résidents du palais pouvaient assister incognito à la messe sans avoir à se mélanger avec le peuple.
Pour en savoir plus sur le Musée Gruuthuse, lisez la page 64.

m'émouvoir ? Assurément. Mais l'émotion pure, je la trouve davantage chez un peintre comme Roger de la Pasture que dans l'œuvre de Jan van Eyck. Chez van Eyck ou Memling, c'est le caractère intellectuel du travail qui m'attire. Rien que pour avoir le plaisir d'admirer de la Pasture et van Eyck, une visite de la salle des trésors de Bruges s'impose. »

TOMBES INTÉRESSANTES

Au centre de la chapelle de Jérusalem (dans le quartier Sainte-Anne) se trouvent les gisants en pierre d'Anselm Adornes (1424-1483) et de son épouse Margareta Vander Banck († 1462). Anselm était le descendant d'une riche famille de marchands, confident des ducs de Bourgogne et conseiller du roi d'Écosse. Après la construction de la chapelle, bâtie sur le modèle de l'église du Saint-Sépulcre, Anselm demanda à y être enterré, le jour venu, avec sa femme. Il a finalement été assassiné et enterré en Écosse. La tombe n'a accueilli que son cœur. *Pour en savoir plus sur les Ardornes, lisez la page 54.*

Les bonnes adresses de
Till-Holger Borchert

ENDROIT FAVORI

» **Les églises de Bruges**

« Dans les grandes églises de Bruges sont accrochés d'authentiques chefs-d'œuvre. Levez les yeux vers l'église Notre-Dame, car avec ses 115,5 mètres, elle est la deuxième tour en brique la plus haute du monde. Ne manquez pas d'admirer les peintures murales dans la chapelle baptismale de la cathédrale Saint-Sauveur. Découvrez aussi le **mausolée de la famille de Gros** dans l'église Saint-Jacques, il en dit long sur la conscience de soi et le pouvoir de l'élite à l'époque bourguignonne. »

RESTAURANTS

» **Kok au Vin**, Ezelstraat 21,
   tél. +32 (0)50 33 95 21.
   www.kok-au-vin.be

« Ce bistrot convivial propose de savoureux plats à base de produits locaux, hyper frais. Son chef, Jürgen Aerts, sait parfaitement combiner les saveurs, en toute simplicité. Et surtout, l'addition est très abordable. »

» **Den Gouden Harynck**, Groeninge 25, tél. +32 (0)50 33 76 37.
   www.goudenharynck.be

« Den Gouden Harynck est une référence à Bruges, connue des petits et des grands *foodies*. C'est donc l'un des restaurants étoilés parmi les plus agréables des environs, ce dont conviendront tous ceux qui y sont allés. »

» **Den Amand**, Sint-Amandsstraat 4, tél. +32 (0)50 34 01 22,
www.denamand.be

« Chez Den Amand, j'ai vu un jour un critique culinaire allemand recopier entièrement la carte du menu. Un geste qui en dit long. Cet agréable petit bistrot est apprécié aussi bien des visiteurs que des Brugeois ! »

» **'t Schrijverke**, Gruuthusestraat 4, tél. +32 (0)50 33 29 08, www.tschrijverke.be
« Le nom de ce restaurant familial vient d'un poème de Guido Gezelle, accroché à côté de la porte. Mais 't Schrijverke est surtout renommé pour ses succulents plats régionaux et sa « Karmeliet » au fût. »

» **Tanuki**, Oude Gentweg 1, tél. +32 (0)50 34 75 12, www.tanuki.be
« Un coin de Japon au centre de Bruges. Un endroit presque sacré où on est invité à murmurer pour ne pas déranger les amateurs de silence. Dans la cuisine ouverte, le chef cuisinier prépare sous nos yeux ses *sushi* et *sashimi* avec une étonnante dextérité et cuit des menus en sept services avec une sérénité imperturbable. »

CAFÉS

» **Café 't Klein Venetië**, Braambergstraat 1, tél. +32 (0)50 33 10 37,
www.kleinvenetie.be

« Tout Brugeois qui se respecte sait que pour profiter des rayons du soleil, il doit s'installer à la terrasse de 't Klein Venetië. L'endroit rêvé pour être aux premières loges de la très fréquentée Huidenvettersplein, avec une vue magnifique sur le Rozenhoedkaai, le lieu le plus photographié de Bruges. Une terrasse populaire au meilleur sens du terme. »

» **Café Marcel**, Niklaas Desparsstraat 7-9, tél. +32 (0)50 33 55 02,
www.hotelmarcel.be

« Le café Marcel est à Bruges la version raffinée d'un café vintage contemporain. Un café d'autrefois mais avec une décoration moderne et épurée. Imaginez le parquet sombre, les petites lampes toutes simples, les banquettes en cuir et le lambris original. Vous pouvez y aller aussi bien pour prendre un délicieux petit-déjeuner que pour un apéritif avec tapas. »

» **Delaney's Irish Pub & Restaurant**, Burg 8, tél. +32 (0)50 34 91 45,
www.delaneys.be

« Dans le pub irlandais Delaney's, c'est toujours la fête. Il y règne habituelle-ment une chaleureuse ambiance internationale. C'est le genre d'endroit où l'on fraternise au comptoir avec le monde entier. »

» **The Druid's Cellar**, Sint-Amandsstraat 11, tél. +32 (0)50 61 41 44,
www.thedruidscellar.eu

« J'aime bien finir la soirée au Druid's Cellar rien que pour voir travailler Drew, mon barman favori, ou pour savourer en toute tranquillité un whisky écossais ou irlandais. Au Druid's, le whisky a tout simplement meilleur goût. »

» **Hollandse Vismijn**, Vismarkt 4, tél. +32 (0)50 33 33 01

« Quand j'ai envie de déguster une bière belge renommée, je vais au Hollandse Vismijn. Un des cafés les plus conviviaux du Marché aux poissons, où tout le monde fait très vite connaissance. Santé ! »

BOUTIQUES

» **Antiquariaat Van de Wiele**,
Sint-Salvatorskerkhof 7,
tél. +32 (0)50 33 63 17,
www.marcvandewiele.com

« Pour l'art et l'histoire, j'ai découvert le marchand de livres anciens Marc Van de Wiele. C'est sans conteste l'une des meilleures librairies anciennes de Bruges. L'endroit rêvé pour dénicher des livres illustrés uniques, vieux de plusieurs siècles. »

» **Den Gouden Karpel**, Vismarkt 9-10-11, tél. +32 (0)50 33 33 89,
www.dengoudenkarpel.be

« Depuis des années, la famille de pêcheurs Ameloot tient avec passion Den Gou-den Karpel : c'est non seulement un excellent traiteur et poissonnier mais aussi un bar à poissons réputé où l'on peut savourer sur place une superbe sélection de produits de la mer. Une adresse incontournable pour les amateurs de poisson. »

» **Boekhandel De Reyghere**, Markt 12, tél. +32 (0)50 33 34 03, www.dereyghere.be

« J'aime beaucoup aussi la librairie littéraire De Reyghere, sur la Grand-Place. Les étrangers s'y sentent tout de suite chez eux en raison d'un choix immense de journaux étrangers et de romans en langue étrangère. »

» **D's Deldycke traiteurs**, Wollestraat 23, tél. +32 (0)50 33 43 35, www.deldycke.be

« Au XVe siècle, l'Espagnol Pedro Tafur vantait Bruges pour ses fruits exotiques et ses épices rares. Le traiteur Deldycke poursuit aujourd'hui cette tradition. Tous vos souhaits culinaires y sont exaucés. »

» **Parallax**, Zuidzandstraat 17, tél. +32 (0)50 33 23 02, www.parallax.be

« Chez Parallax, j'achète traditionnellement mes chaussettes mais ils sont aussi passés maîtres dans l'art de camoufler ma bedaine avec style. À recommander pour tous ceux qui sont confrontés à ce défi vestimentaire. Boss, Scabal, Zilton, Falke... ils sont tous là. »

ENDROIT SECRET

» **Museumshop**, Hof Arents, Dijver 16, www.museabrugge.be

« Celui qui pénètre dans la boutique du Musée Groeninge, en sort à coup sûr avec de superbes souvenirs ou un 'gadget de Bruges' en poche. Vous emportez votre oeuvre d'art favorite sous la forme d'un beau livre richement illustré, d'une affiche ou d'une carte postale. »

» **Chapelle de Jérusalem**, **Musée Gezelle**, **Centre de la dentelle**, **Notre-Dame de la poterie** et **Musée de la vie populaire** : *infos voir pages 54, 63, 66, 68 et 74.*

« Si j'ai besoin de me regénérer, je marche volontiers en direction du quartier Sainte-Anne, le plus populaire de Bruges. Il règne encore dans les rues autour du **Musée de la vie populaire** un véritable esprit de quartier et un calme incomparable. On y découvre aussi beaucoup d'endroits passionnants : le complexe hospitalier historique de Notre-Dame de la poterie, le Centre de la dentelle, la chapelle médiévale de Jérusalem et le Musée Gezelle. »

Bruges, épicentre international de la musique classique

Ayako Ito se sent chez elle dans une ville qui vit au rythme de la musique

Salle de concert

Il était écrit dans les étoiles qu'Ayako Ito habiterait à Bruges. La ville inscrite sur la Liste du patrimoine mondial raffole de musique ancienne et c'est donc tout naturellement qu'elle a accueilli à bras ouverts cette pianiste japonaise, spécialiste du piano-forte. Dans une ville qui vit au rythme de la musique, Ayako a également trouvé l'âme sœur en la personne de Jos Van Immerseel.

PROFIL

Nom : Ayako Ito
Nationalité : japonaise
Date de naissance : 23 décembre
Née à Tokyo, part pour Anvers en 1998 et emménage
à Bruges en 2017.

Dire que la pianiste japonaise Ayako Ito respire la musique est un euphémisme. La musique l'a faite voyager de Tokyo à Bruges via une escale à Anvers. Et c'est également sous le signe de la musique qu'Ayako a rencontré son mari, le chef d'orchestre et pianiste Jos Van Immerseel. « J'ai quitté le Japon pour poursuivre mes études de piano au Conservatoire Royal d'Anvers et apprendre à jouer le piano-forte – un instrument utilisé aux XVIIIe et XIXe siècles. J'ai eu l'opportunité d'étudier un instrument de 1826 qui offrait une richesse de son incroyable. Une telle chose était tout simplement impossible au Japon. Au terme de cette formation de quatre ans, j'ai obtenu mon master. J'ai enseigné ensuite quelques années dans ce même conservatoire, après quoi je suis retournée vivre à Tokyo, en emportant deux instruments historiques dont j'avais fait l'acquisition. Une mauvaise idée car le climat japonais est totalement différent, il est beaucoup plus humide qu'en Belgique, ce qui n'a pas fait de bien à mes deux instruments. Ces deux instruments merveilleux sonnaient très mal à Tokyo. À cause des conditions climatiques, ils ne pouvaient pas livrer leur pleine sono-

rité. Cette prise de conscience m'a fait revenir en Belgique. » Ayako a emménagé à Bruges, qui n'est pas pour rien la ville natale de l'orchestre international Anima Eterna Brugge, mondialement célèbre pour son utilisation d'instruments d'époque, dirigé par son mari Jos.

Préserver le patrimoine musical et le faire prospérer

Ni le lieu ni l'heure ne semblent avoir d'importance pour Ayako. La pianiste se sent chez elle dans les deux continents et ne se laisse pas cantonner musicalement à une époque. « D'une certaine façon, je fais constamment des allers-retours dans le temps, ce qui est une expérience fascinante. À Tokyo, tout est moderne, tandis qu'à Bruges, on sent qu'on fait partie d'une histoire très ancienne. La génération précédente nous a légués un patrimoine que nous léguerons à notre tour aux générations suivantes. »
Ici, toutes les pièces du puzzle s'imbriquent parfaitement. « Bruges est une ville historique, une ville inscrite sur la Liste du patrimoine mondial. Quand je

> *« Un musicien qui joue bien à la Salle de concert*
> *est assuré de conquérir le reste du monde. »*

me promène, je suis toujours impressionnée par tous ces magnifiques trésors culturels que les gens ont réussi à préserver. La ville vit au rythme de la musique ancienne et rien ne paraît plus naturel que d'y jouer d'un instrument historique. C'est comme si on faisait partie d'un tout plus vaste. Nous essayons non seulement de protéger au mieux le patrimoine musical, mais aussi de le faire prospérer. Bruges a un lien organique avec la musique ancienne. » Ayako fait chaque jour l'expérience de l'amour très fort de la ville pour la musique ancienne. « La musique est vraiment vivante ici, celle que nous jouons suscite beaucoup d'intérêt. Il y a bien sûr de nombreuses initiatives uniques en leur genre : par exemple, le MAfestival, qui est mondialement connu. En tant que musicien, on est habitué à ce que les mélomanes viennent nous parler après un concert, mais à Bruges, les gens nous apostrophent également dans la rue, dans un restaurant, un magasin... ils aiment nous dire ce qu'ils ont pensé de nos concerts. C'est comme si la ville nous soutenait et nous portait. Nous nous sentons particulièrement aimés ici en tant que musiciens. C'est une sensation très agréable. Elle fait vraiment de Bruges notre ville. »

Des moments intenses

La Salle de concert est un moteur important dans l'amour de Bruges pour la musique. C'est un lieu où musiciens et mé-

UN NOUVEAU REGARD SUR BRUGES, VILLE DE LA MUSIQUE CLASSIQUE PAR EXCELLENCE

La célèbre Salle de concert est plus qu'un simple temple de la musique pour les festivals, les spectacles de danse contemporaine et les concerts les plus prestigieux. Le Concertgebouw Circuit vous révèle les secrets de Bruges, la ville de la musique classique par excellence, de manière originale. Son parcours interactif vous fait découvrir les secrets de la prodigieuse acoustique de sa grande salle de concert et de l'intime salle de musique de chambre. Vous explorez également la remarquable architecture contemporaine du bâtiment et découvrez sa surprenante collection d'art contemporain. À l'étage des installations sonores interactives, vous pouvez laisser parler le musicien qui sommeille en vous. En guise de point d'orgue, la visite s'achève sur le panorama spectaculaire de Bruges depuis le toit-terrasse du septième étage. *Plus d'infos pratiques sur le Concertgebouw Circuit page 60.*

5 ÉVÉNEMENTS À NE PAS MANQUER SELON AYAKO ITO

1. Les envoûtants **Concertos pour clavecins de Bach** (19/01/2019 – avec les musiciens de l'*Akademie für Alte Musik Berlin*) sont rarement joués. Dans ces concertos virtuoses et émouvants, Bach se révèle plus précurseur que jamais. *Plus d'infos sur la Bach Academie Brugge, dont ce concert fait partie, page 78.*

2. Seize danseurs de *Rosas*, la compagnie célèbre dans le monde entier d'Anne Teresa De Keersmaeker, interprètent les **six concertos brandebourgeois de J. S. Bach** (27 et 28/02/2019).

3. Le 08/03/2019, *Anima Eterna Brugge* et *bariton Thomas Bauer* interprètent l'œuvre de **Wolf, Mahler et Brahms**. Au programme, de la musique de chambre intime et d'émouvants lieder.

4. *Les Muffatti*, sous la direction du claveciniste *Bertrand Cuiller*, déchaînent les quatre éléments – le feu, l'air, l'eau et la terre – et sèment parfois le chaos cosmique dans les suites de danses baroques (**Les quatre éléments**, 06/04/2019). *Plus d'infos sur le Kosmos Festival, dont ce spectacle fait partie, pages 79-80.*

5. Le 16/05/2019, Emanuel Ax dialogue avec le grand orchestre hongrois *Budapest Festival Orchestra* pour une interprétation pleine de grâce de **Mozart, Rossini & Schubert**. *Plus d'infos sur le Budapest Festival page 80.*

lomanes viennent se ressourcer et savourer leur passion. « La Salle de concert est un centre de musique de premier plan au niveau mondial. C'est un endroit exceptionnel : un musicien qui joue bien entre ses murs est assuré de conquérir le reste du monde. La Salle de concert est non seulement doté d'une excellente acoustique, mais aussi d'un public chaleureux et passionné. C'est pourquoi, en tant que musiciens, nous voulons aussi donner le meilleur de nous-mêmes. Face à un public concentré, nous jouons de manière encore plus précise. C'est une émulation réciproque qui crée des moments inoubliables et laissent des souvenirs indélébiles au musicien et au spectateur. « Jouer de la musique, c'est sentir que je suis en vie. Je communique

constamment avec le public, nous échangeons nos énergies et c'est très intense. Quand tout coïncide parfaitement, c'est de la pure magie. Avec mon mari, nous vivons des moments mémorables qui nous font réaliser que nous vivons intensément, avec tous nos sens en éveil. »

Les bonnes adresses de
Ayako Ito

ENDROIT FAVORI

» **Salle de concert**, 't Zand 34,
   tél. +32 (0)50 47 69 99,
   www.concertgebouw.be et
   www.concertgebouwcircuit.be

« **La Salle de concert** bénéficie, à juste
titre, d'une excellente réputation. Les
musiciens aiment s'y surpasser mais
la salle le leur rend bien grâce à une
acoustique parfaite. J'entends ce que le public entend et cela a une valeur inesti-
mable. Quiconque souhaite découvrir de manière originale notre temple de la
musique à Bruges, peut suivre le parcours interactif du Concertgebouw Circuit et
plonger ainsi dans les coulisses du bâtiment. Assister à un concert ou à un spectacle de danse est tout aussi vivement recommandé. »

RESTAURANTS

» **Patrick Devos**, Zilverstraat 41,
   tél. +32 (0)50 33 55 66,
   www.patrickdevos.be

« J'aime venir dans cette maison séculaire, avec ses authentiques salons
Art Nouveau et Art Déco. Elle propose
une gastronomie contemporaine très
savoureuse. Des plats sains et légers, à base de produits locaux. Une adresse
d'exception. »

» **Poules Moules**, Simon Stevinplein 9, tél. +32 (0)50 34 61 19,
   www.poulesmoules.be

« L'adresse par excellence pour les moules, pas par hasard la spécialité de la
maison. Et si le temps est beau, vous pouvez vous installer sur la charmante
terrasse au milieu de la Simon Stevinplein. »

» **Brasserie Raymond**, Eiermarkt 5, tél. +32 (0)50 33 78 48,
www.brasserie-raymond.be

« Cette brasserie est une véritable institution à Bruges. La cuisine y est excellente et le cadre élégant : c'est comme si on voyageait dans le temps et qu'on jouait dans son propre film. »

» **De Mangerie**, Oude Burg 20, tél. +32 (0)50 33 93 36, www.mangerie.com

« J'adore l'approche originale de la Mangerie, où le chef parvient toujours à nous surprendre avec ses nouvelles créations. Il a une passion pour l'Asie et sait parfaitement marier les influences orientales aux saveurs de la cuisine française. »

» **Refter**, Molenmeers 2, tél. +32 (0)50 44 49 00, www.bistrorefter.com

« Une qualité de service irréprochable, une cuisine gastronomique, un bel intérieur et une charmante terrasse. Ou comment déguster une nourriture très savoureuse dans un cadre privilégié. Que demander de plus ? »

CAFÉS

» **Concertgebouwcafé**, 't Zand 34,
tél. +32 (0)50 47 69 99,
www.concertgebouw.be/fr/
concertgebouwcafe

« C'est l'endroit où nous nous retrouvons avant et après le concert et discutons avec le public et les autres musiciens. Un endroit très stimulant qui n'oublie pas d'être confortable. »

» **Brouwerij De Halve Maan**, Walplein 26, tél. +32 (0)50 44 42 22,
www.halvemaan.be

« J'aime venir dans cette brasserie brugeoise, riche d'une belle histoire. Leurs bières sont aujourd'hui connues dans le monde entier. Même Tokyo possède son propre Café *Brugse Zot*. La brasserie organise également des concerts qu'on peut écouter une bière à la main. Savoureux programme ! »

» **De Verloren Hoek**, Carmersstraat 178, tél. +32 (0)50 69 80 19,
www.deverlorenhoek.be

« Ce restaurant très convivial est situé pratiquement au coin de notre rue. J'apprécie beaucoup la gentillesse de son personnel et ses plats originaux. La belle vue sur les moulins à vent et les remparts n'est pas comptée dans l'addition. »

» **Le Pain Quotidien**, Simon Stevinplein 15, tél. +32 (0)50 34 29 21,
www.lepainquotidien.be

« Je suis fan du Pain Quotidien. C'est un concept formidable : les grandes tables autour desquelles les clients s'assoient les invitent à communiquer spontanément avec leurs voisins. La nourriture est de qualité et la terrasse vraiment agréable. »

» **Bar Jus**, Kleine Sint-Amandsstraat 10, tél. +32 (0)50 61 32 77, www.bar-jus.be

« Bar Jus est une adresse encore quelque peu confidentielle. On peut y déguster d'excellents vins et beaucoup de bonnes bouteilles sont aussi proposées au verre. J'aime bien découvrir des lieux nouveaux. Et tout en dégustant un excellent verre de vin, on s'y sent un peu aux premières loges du spectacle de la rue ».

BOUTIQUES

» **Rombaux**, Mallebergplaats 13,
tél. +32 (0)50 33 25 75,
www.rombaux.be

« Ce formidable magasin de musique existe depuis plus de cent ans, ce qui en dit long sur sa qualité. On peut aussi y compulser des partitions, prendre des instruments en main et les essayer, rencontrer d'autres musiciens... autant de bonnes raisons de ne pas acheter en ligne. »

» **Villa Maria**, Gistelse Steenweg 18-28, tél. +32 (0)50 31 07 44, www.villamaria.be

« Cette boutique joliment décorée vend les toutes dernières créations de nombreuses marques de mode célèbres. S'il me faut d'urgence une nouvelle tenue, je file à Villa Maria. Je suis sûre d'y être bien conseillée et d'en sortir avec de jolis vêtements. »

» **lilola shop**, Langestraat 47b-49, tél. +32 (0)50 33 66 02, www.lilola.be

« On y trouve des tenues et des accessoires de marques internationales, mais aussi de nouveaux créateurs talentueux. Les vêtements que j'y achète conviennent très bien pour un concert ou une fête. Et les conseils des vendeurs sont toujours excellents. »

» **Frederiek Van Pamel**, Ezelstraat 33, tél. +32 (0)50 34 44 80, www.frederiekvanpamel.be

« Chez Frederiek, on entre dans un autre monde. C'est une boutique assez féérique qui vend des objets pour la maison et des fleurs. Un peu exotique, très coloré et sacrément élégant. »

» **The Chocolate Line**, Simon Stevinsplein 19, tél. +32 (0)50 34 10 90, www.thechocolateline.be

« Avant chacun de mes voyages, je me précipite chez The Chocolate Line. En offrant leurs surprenantes et délicieuses pralines, je suis sûre de faire le bonheur de ma famille et de mes amis japonais. Les créations chocolat de Dominique Persoone sont tellement savoureuses qu'il est pratiquement impossible de ne pas les avaler. »

ENDROIT SECRET

» **Chapelle Notre-Dame des aveugles**, Kreupelenstraat 8, tél. +32 (0)50 32 76 60 ou +32 (0)50 33 68 41, www.brugsebelofte.be

« L'histoire de cette superbe **chapelle** remonte à 1305. Le lieu de prière d'origine a été construit par Robrecht van Bethune pour commémorer la bataille du Pevelenberg que se sont livrées les armées flamandes et françaises. C'est vraiment un joyau caché. Je l'ai découvert en m'y produisant en concert. **Sept maisons** ont été construites au XVe siècle contre l'église pour héberger les aveugles de la ville. Un endroit exceptionnel qui mérite assurément une visite. »

L'artisanat inspirant de Bruges

Djamil Zenasni, touche-à-tout créatif,
à propos d'un savoir-faire ancestral

Djamil Zenasni

Certains font le même métier toute leur vie. D'autres ont un esprit
beaucoup trop curieux pour ça. Djamil Zenasni, artisan touche-à-tout,
appartient à cette seconde catégorie. Construire des maisons,
tourner des céramiques, retapisser des fauteuils : autant d'activités
qu'il exerce avec une même passion. Rencontre avec un homme
pas comme les autres, qui perpétue avec panache le savoir-faire
brugeois ancestral.

PROFIL

Nom : Djamil Zenasni
Nationalité : belge
Date de naissance : 27 novembre 1963
Né à Oran (Algérie), Djamil est arrivé à Bruxelles via la France. Il vit et travaille à Bruges depuis 1985.

Djamil Zenasni possède une curiosité innée et ce don lui a valu de suivre une trajectoire pour le moins singulière. Elle commence de manière volontaire et originale puisqu'une fois son diplôme d'économie en poche, Djamil a décidé de travailler comme associé dans une fromagerie artisanale gantoise : « Une petite coopérative, où j'ai appris le néerlandais, l'importance de l'écologie et du Slow Food et quantité d'autres choses. »

Talents multiples

Quand la femme de Djamil a trouvé un emploi à Ostende, le jeune couple a commencé à chercher un logement – et un quartier – dans lequel ils pouvaient se sentir chez eux. Il a atterri à Bruges, où il est tombé amoureux d'une maison sur le Koningin Astridpark. Et comme l'immeuble était suffisamment grand pour abriter aussi un B&B, Djamil a immédiatement retroussé ses manches. Le fait de faire lui-même une partie des travaux

#LOCALLOVE – UNE BELLE SÉLECTION DE MAGASINS AUTHENTIQUES

Laissez-vous guider par le plan de la ville #LocalLove et découvrez une sélection d'adresses de magasins brugeois pleins de caractère. Pas des produits de masse, mais des boutiques spécialisées qui font la fierté de Bruges, dirigées depuis au moins cinq ans par des entrepreneurs locaux passionnés ou des artisans créatifs. Vous y trouverez aussi bien les épiceries fines les plus raffinées que des magasins spécialisés, des boutiques de mode originales et des librairies de qualité. Les visiteurs qui souhaitent faire leurs achats en dehors des sentiers battus, dans des magasins où les brugeois eux-mêmes aiment se rendre, trouveront les adresses qu'ils cherchent avec #LocalLove. Si vous avez envie de découvrir des magasins qui offrent ce petit plus qui fait toute la différence, demandez votre plan #LocalLove gratuit dans l'un des ℹ bureaux d'information de Bruges.
Retrouvez également en pages 87-89 et 130 d'autres adresses réputées.

L'ARTISANAT À BRUGES, UNE HISTOIRE SÉCULAIRE !

Au Moyen Âge, les artisans se regroupaient au sein de guildes. Bruges comptait plus de 50 métiers reconnus et ce nombre est resté stable pendant des siècles. Il englobait des maçons, des forgerons, des ébénistes, des boulangers, des bouchers, des chaumiers, des carreleurs, des tanneurs, des fourreurs, mais aussi des fabricants de rosaires, des orfèvres et autres fabricants d'armes. Autant de métiers de l'artisanat pour lesquels un certain temps d'apprentissage et de formation était nécessaire. Chaque métier était soumis à de nombreuses réglementations spécifiques dans le but de garantir la qualité du produit fini. Par exemple, les cordonniers brugeois n'étaient autorisés à travailler qu'avec du cuir neuf, il était défendu aux charpentiers de travailler la nuit, tandis que leurs collègues sculpteurs étaient autorisés à le faire, mais uniquement lorsque des marchands étrangers attendaient une sculpture. Bruges abrite encore d'anciennes maisons d'artisanat, notamment aux numéros 25, 38 et 40 de la rue Steenstraat et au 10 de la Huidenvettersplein. Elles témoignent avec raffinement du pouvoir et du prestige dont bénéficiait alors l'artisanat. Mais aujourd'hui encore, Bruges porte l'artisanat très haut dans son cœur. *Apprenez-en plus page 87 sur la virtuosité et la passion des artisans d'aujourd'hui à Bruges.*

permettait de limiter les coûts de la rénovation. Très vite, il est apparu que les travaux manuels exécutés avec le plus grand professionnalisme par Djamil, étaient de grande qualité. Menuiserie, électricité, plomberie : il a maîtrisé toutes ces techniques en un rien de temps. Dans l'intervalle, il s'est également intéressé à la fabrication de repose-pieds en fibres naturelles. « Ensuite, je me suis également lancé dans la tapisserie des fauteuils et la fabrication de pieds en bois. Une activité menait vers l'autre. »

Le meilleur de soi

Au fil des ans, Djamil a restauré de nombreuses maisons à Bruges, du sous-sol à l'arête du toit, souvent pour les décorer ensuite avec les meubles qu'il fabriquait

lui-même. Les maisons ont beau être toutes différentes, il y a une chose qui ne varie pas : l'enthousiasme méridional avec lequel Djamil a toujours effectué son travail. « Il faut toujours recommencer à zéro, faire comme si c'était la première fois. C'est seulement ainsi qu'on est sûr de ne pas se répéter. Chaque projet est unique, chaque maison est différente et je commence toujours par faire table rase du passé. C'est comme ça qu'on continue à apprendre. » Et bien que Djamil se réinvente constamment, son style est immédiatement reconnaissable. Des nuances de couleurs chaudes et audacieuses, un choix de matériaux authentiques et un mélange de meubles éclectique. Le magasin de Djamil, au numéro 42 de la Hoogstraat, ne dévoile que

> *« Quand on travaille avec passion et dévouement,*
> *le reste du monde disparaît tellement on est absorbé par*
> *ce qu'on fait. On éprouve un sentiment de plénitude. »*

quelques facettes de ses multiples talents. On y découvre une petite série de repose-pieds et de fauteuils fabriqués à la main – chacun d'eux étant un exemplaire unique – mais aussi des céramiques colorées, la première passion de Zenasni. « Beaucoup de visiteurs entrent dans le magasin, intrigués par toutes ces couleurs, curieux d'en voir plus. Jusqu'à récemment, je devais les décevoir car je vendais peu de petits objets… et on ne repart pas comme ça avec un meuble sous le bras. » Mais parce que Djamil a réalisé avec un tour de potier une collection robuste et élégante de sucriers, de saladiers, de bols à petit-déjeuner, et autres pots, on trouve aujourd'hui ses créations soigneusement empilées dans sa boutique.

Des passions pour la vie

Il ne faut pas croire que ce professionnel aux multiples talents butine et passe d'un projet à l'autre. « Je m'intéresse à beaucoup de choses, pour les besoins desquelles j'aime approfondir mes connaissances. Et tout ce que je fais, je le fais avec cœur. Pas pour six mois, mais pour toute la vie. » Djamil ne juge pas un métier supérieur à un autre. « Quand on travaille avec passion et dévouement, le reste du monde disparaît tellement on est absorbé par ce qu'on fait. On éprouve un sentiment de plénitude. » Rien n'obligeait Djamil à se lancer dans la céramique, il ne rêve pas d'exporter ses produits. « C'est quelque chose que j'ai appris à la fromagerie. Plus ne veut pas nécessairement dire mieux. Ce qui compte, c'est la qualité, pas la quantité. Et je remarque que mes collègues artisans partagent ce sentiment. Le comportement d'achat a changé ces dernières années : les visiteurs, mais aussi les brugeois, veulent des produits authentiques et équitables. Ils vont chercher dans les rues latérales, en dehors de les fameuses rues commerçantes, le spécialiste qui saura leur expliquer son produit avec un plaisir communicatif. J'observe un intérêt croissant pour le commerce local, pour les magasins de quartier, non seulement dans la Hoogstraat et la Langestraat, mais aussi dans la Smedenstraat, où il est possible de faire tous ses achats à pied. Je suppose que c'est surtout le service personnalisé offert par les boutiques locales qui séduit de plus en plus de clients. Et pour nous, commerçants, quoi de plus gratifiant qu'un client satisfait ? »

Les bonnes adresses de
Djamil Zenasni

ENDROIT FAVORI

» **Minneboplein**

« Grâce à l'installation *Lanchals* de John Powers, qui a décoré la **Minneboplein** pendant la Triennale 2018, j'ai redécouvert cette place. Bien qu'elle ne soit absolument pas dissimulée au regard, je passais jusqu'à très récemment devant cet endroit sans vraiment y prêter attention. Un petit coin chargé d'atmosphère le long des canaux où il fait bon se détendre. »

RESTAURANTS

» **Lieven**, Philipstockstraat 45,
   tél. +32 (0)50 68 09 75,
   www.etenbijlieven.be

« Lieven est mon voisin, nous nous saluons pratiquement tous les jours. Pour des occasions spéciales, par exemple un anniversaire, nous allons dans cet excellent restaurant, pour les célébrer avec style. Une cuisine de grande qualité ! »

» **Sud**, Mallebergplaats 5, tél. +32 (0)50 34 45 62, www.sudinbrugge.com
« Une adresse où il est possible de savourer d'authentiques plats des Pouilles, préparés le plus simplement et savoureusement. On peut manger sur place, mais aussi emporter quelques repas chez soi. Idéal quand on n'a pas envie de cuisiner. Et quand il donne une fête, le restaurant vient prendre une partie de mes pots tournés à la main. L'alliance parfaite ! »

» Carlito's, Hoogstraat 21, tél. +32 (0)50 49 00 75, www.carlitos.be

« Les meilleures pizzas de la ville. Et vous les dégustez dans un cadre branché, qui n'oublie pas d'être convivial pour les enfants. »

» Duc de Bourgogne, Huidenvettersplein 12, tél. +32 (0)50 33 20 38, www.ducdebourgogne.be

« Incontestablement le plus beau restaurant de Bruges. Tout le lustre d'une époque révolue, avec des couverts en argent et une vue fabuleuse sur les canaux. Allez-y pour le déjeuner et demandez une table au bord de l'eau. »

» Sint-Joris, Markt 29, tél. +32 (0)50 33 30 62, www.restaurant-sintjoris.be

« Quand le fils d'un agriculteur bio dirige un restaurant, vous pouvez être sûr qu'on vous servira une excellente viande naturelle provenant d'un propre élevage fermier. À mes yeux, c'est une des meilleures tables de la ville ! Avec un emplacement de toute beauté, pile sur la Grand-Place. »

CAFÉS

» Craenenburg, Markt 16, tél. +32 (0)50 33 34 02, www.craenenburg.be

« Depuis des siècles, la maison Craenenburg est une institution à Bruges. Aujourd'hui, les Brugeois viennent lire leur journal et échanger les nouvelles dans ce Grand Café. Les cochers y boivent un café avant de sillonner la ville. C'est vraiment une adresse de confiance. »

» Coffeebar Adriaan, Adriaan Willaertstraat 7, tél. +32 (0)476 90 13 10, www.coffeebaradriaan.be

« Un expresso parfaitement dosé que l'on déguste dans un ancien et imposant établissement bancaire. Deux bonnes raisons d'aller chez Adriaan ! Ou l'art de boire du café. »

» Comptoir des Arts, Vlamingstraat 53, tél. +32 (0)494 38 79 61, www.comptoirdesarts.be

« Un café-cave brun qui propose de la bière et du blues. Des soirées comiques y sont régulièrement organisées, de même que des concerts de musique live. »

» Café Vlissinghe, Blekersstraat 2, tél. +32 (0)50 34 37 37, www.cafevlissinghe.be

« Le plus ancien café de Bruges est évidemment une institution. Un lieu où le temps semble s'être arrêté depuis des siècles. En plein centre-ville, mais avec un joli jardin municipal agrémenté d'un terrain de pétanque. »

» Riesling & Pinot Winebar-Wineshop, Hoogstraat 33, tél. +32 (0)50 84 23 97, www.riesling-pinot.be

« Ici, juste au coin de la rue, je bois régulièrement un verre de vin avec de quoi grignoter. J'ignorais tout du vin allemand, mais aujourd'hui je suis entièrement convaincu de sa qualité. »

BOUTIQUES

» Depot d'O, Ridderstraat 21, tél. +32 (0)495 23 65 95, www.depotdo.be

« En fait, je fais à peu près tout moi-même. Mais si j'ai besoin de quelque chose, c'est chez Kurt que je le trouve. Depot d'O est l'adresse de tous ceux qui aiment le design vintage et les trouvailles les plus extravagantes. Rien n'est trop fou pour cette boutique. »

» Galerie Thomas Serruys, Keersstraat 2, tél. +32 (0)477 92 43 68, www.thomasserruys.com

« Des meubles design vintage dont on a rêvé pendant des années ou des objets qu'on veut absolument acquérir dès qu'on les voit, voilà ce qu'on trouve dans cette galerie. Thomas Serruys sait exactement ce qui est intemporel et irrésistible. »

» Maud Bekaert, Sint-Clarastraat 40, tél. +32 (0)475 26 95 58, www.maudbekaert.be

« Qualifier Maud Bekaert de sculpteuse de lettres ne rend pas assez justice à son talent. Cette frêle artisane utilise un marteau et un bureau avec une dextérité impressionnante et calligraphie de merveilleux textes en pierre naturelle, béton, métal... Chez elle, vous êtes sûr d'offrir un cadeau totalement original. »

» **Pâtisserie Academie**, Vlamingstraat 56, tél. +32 (0)50 68 92 91,
www.patisserieacademie.be

« Tom Van Loock a appris le métier de
pâtissier chez De Karmeliet. Après
quelques années, il a ouvert sa propre
pâtisserie, un petit temple du plaisir
qui aspire à la perfection. Les gâteaux
qu'on y achète sont tellement savoureux qu'on les mange immédiatement
sur le trottoir. Tom ne jure que par les
préparations traditionnelles et per-
sonnelles et c'est exactement ce
qu'on goûte. »

» **Quicke**, Zuidzandstraat 21-23,
tél. +32 (0)50 33 23 00, www.quicke.be

« Depuis plus de 118 ans, Quicke est une adresse bien connue des brugeois,
mais aussi dans les passionnés de mode du monde entier. À juste titre, car on
y achète des chaussures et des sacs de qualité qui ont une belle longueur
d'avance sur la mode et avec lesquels on est assuré de faire fureur pendant
des années ! »

ENDROIT SECRET

» **Groenerei**

« La façade arrière de mon magasin
donne sur le magnifique **Groenerei** et
une peinture murale représentant un
couple de danseurs la décore depuis
peu. C'est mon clin d'œil aux expressionnistes flamands. Peut-être que
l'âme d'un expressionniste flamand
sommeille un peu en moi. Quand on
marche le long du Groenerei, il faut bien ouvrir les yeux pour la découvrir, mais
en cherchant bien, on est sûr de la trouver. »

À la recherche des trésors culturels et des lieux les plus inspirants

Mirna Hidalgo puise sa créativité dans une ville qui prend la culture très à cœur

Jean Maust

Danseuse de flamenco, experte en droit international, coach créative et... peintre diplômée de l'Académie de Bruges. L'argentine Mirna Hidalgo a toujours saisi la vie à pleines mains, mais ce n'est qu'après s'être installée à Bruges qu'elle s'est convertie aux beaux-arts. Une histoire d'amour et de créativité.

Il y a des gens qui réussissent à vivre plusieurs vies en même temps. Mirna Hidalgo est une de ces personnes. Elle n'avait pas 20 ans quand elle est devenue danseuse professionnelle de flamenco et guère plus quand elle a décroché son diplôme de droit. Après ses études, Mirna a décidé de prendre un été sabbatique pour sillonner l'Europe en train. La veille de son retour prévu en Argentine, elle s'entend dire à Paris qu'un voyage en Europe ne peut être considéré comme complet sans une visite de Bruges. Elle met donc le cap vers Bruges, où, dès le soir de son arrivée, elle fait la connaissance d'un brugeois désireux de pratiquer son espagnol. Les deux amis vont échanger des lettres pendant plusieurs mois avant que Dirk ne fasse le voyage en Argentine. À la fin de ses vacances, Dirk demande la main de Mirna. Le père et la fille Hidalgo ont été quelque peu dépassé par les événements, admet Mirna. Dirk est rentré chez lui pour régler tout ce qui devait l'être, puis il est reparti quelques mois après pour l'Argentine. « Nous nous sommes mariés dès le lendemain de son arrivée. Quand la vie vous fait un cadeau, il faut savoir le saisir. Nous sommes maintenant mariés depuis 30 ans et amoureux comme au premier jour. »

Apprendre des meilleurs

Et c'est ainsi que Mirna a emménagé à Bruges à l'âge de 23 ans. Elle a appris le français et le néerlandais et a étudié le droit international à l'Université libre de Bruxelles. Elle a ensuite effectué une carrière de plus de vingt ans dans le monde de la haute finance. En parallèle, Mirna a continué d'étudier assidûment : psychologie, coaching... « Au fil des années, j'ai découvert que la curiosité était mon moteur. Dès que je ne fais plus rien, je m'ennuie. »

Lorsque son métier dans la haute finance ne consistait plus qu'à faire des retranchements et des économies, Mirna a voulu changer de vie. « Je n'étais pas faite pour ça. Un tel travail n'est pas assez créatif ». Elle a donc commencé une nouvelle carrière qui lui a donné da-

« Bruges est une ville exceptionnellement belle et tous ceux qui y vivent sont conscients de ce privilège. »

vantage de temps libre. « Je n'avais encore jamais peint auparavant, mais un jour au supermarché, je suis tombée sur un canevas en promotion avec quelques tubes de peintures et c'est ainsi que je me suis lancé. »

Mirna s'est sur-le-champ inscrite à l'Académie des Beaux-Arts de Bruges. « J'ai bien sûr eu quelques doutes car cette inscription n'était pas sans engagement. Avec ses 300 printemps, l'Académie de Bruges est la plus ancienne académie de Flandre. Elle a été fondée au début du XVIIIe siècle dans la Loge des Bourgeois (Poortersloge) au coin de la place Jan van Eyck. Les artistes qui étudiaient à l'Académie devaient faire don d'une œuvre d'art à l'école ; au fil des ans, les primitifs flamands ont commencé d'enrichir peu à peu sa collection. Je ressens donc comme un privilège d'appartenir à cette histoire. Des maîtres mondialement célèbres sont là pour nous former. L'Académie a fait don de sa collection à la ville à la fin du XIXe siècle,

après quoi le conseil municipal de Bruges a décidé de faire construire un tout nouveau musée : le Musée Groeninge de la rue Dijver. Cerise sur le gâteau, c'est aussi le quartier où se trouvent beaucoup de mes magasins d'art et d'antiquités préférés. »

La créativité en chacun de nous

Mirna trouve son inspiration presque partout et c'est pourquoi elle garde toujours les yeux grands ouverts. « Je vais chaque semaine en vélo à l'Académie et chaque trajet le long des remparts est différent, et donc inspirant. On voit le passage des saisons et les changements de lumière. C'est un bonheur sans cesse renouvelé. Même s'il pleut. Bruges est une ville exceptionnellement belle et tous ceux qui y vivent sont conscients de ce privilège. »

Le coaching et l'art peuvent sembler deux mondes séparés, Mirna les conjugue sans effort.

TROUVER SON PROPRE TRÉSOR ARTISTIQUE AVEC #ARTANDANTIQUES

Les amoureux d'objets d'art séculaires, de manuscrits uniques, de peintures du XVIIe siècle, de créations modernes, de photographie contemporaine… trouvent à coup sûr leur bonheur à Bruges et pas uniquement dans les musées. Laissez le plan #ArtandAntiques vous guider à travers des dizaines de galeries d'art et de magasins d'antiquités de renom et découvrez une offre unique et de haute qualité adaptée à toutes vos envies : de l'amateur curieux doté d'un petit budget au collectionneur passionné et exigeant. Rendez-vous dans un des bureaux d'information pour obtenir votre plan #ArtandAntiques gratuit.

Consultez également les pages 87-89 et 121 pour trouver d'autres adresses réputées.

DÉCOUVREZ LES OBJETS D'ART QUI ÉMEUVENT MIRNA HIDALGO

1. Dans le jardin de la pharmacie de l'Hôpital Saint-Jean, vieux de plusieurs siècles, trône la statue *De Pax* par Octave Rotsaert, alors professeur à l'Académie de Bruges, une œuvre intime qui exprime le désir de paix universelle.

2. Avec ses *Cavaliers de l'Apocalypse*, Rik Poot représente dans l'idyllique jardin de la maison Arents les souffrances et les faiblesses de l'homme.

3. En 1489, Hans Memling achevait la très détaillée *Châsse de sainte Ursule*, commandée par l'hôpital Saint Jean, qu'il est encore possible d'admirer à l'endroit même où elle a été réalisée.

4. La Steenhouwersdijk abrite une version en bronze de la *Niobé* de Constant Permeke. Les larmes pétrifiées de cette mère mythologique de 7 filles et de 7 fils – tous tués – ruissèlent pour ainsi dire dans la Reie.

5. Dans l'église Sainte-Anne, découvrez *Le Jugement dernier* d'Hendrik Herregouts. Marchez jusqu'à l'autel sans vous retourner, puis faites volte-face pour regarder le tableau : vous serez surpris par ce que vous verrez !

« Fréquenter les gens est aussi un acte purement créatif : on établit une connexion avec l'autre et chaque étape supplémentaire dépend de ce lien ; on construit ensemble quelque chose qui est toujours unique. Négocier, résoudre un conflit, on a constamment besoin d'être créatif. Il m'est arrivé d'organiser une série d'événements pour lesquels chaque participant devait terminer un tableau en deux heures. Et ça marche, car tout le monde se révèle créatif. Simplement, beaucoup de gens n'en sont plus conscients. Lorsque les participants ont reposé leurs pinceaux, nous avons examiné chaque tableau. Chacun a beau avoir commencé avec les mêmes outils et dans les mêmes conditions, tout le monde a réalisé une œuvre différente. Une manière très efficace de responsabiliser les gens. Qui que vous soyez, vous êtes précieux. »

Les bonnes adresses de
Mirna Hidalgo

ENDROIT FAVORI

» **Église Sainte Madeleine**,
coin Stalijzerstraat et Schaarstraat,
www.yot.be

« Cette église est tout sauf tradition-
nelle. Sa façade de style néogothique
est toute simple mais à l'intérieur,
c'est un **lieu de recueillement merveilleux**. Sa décoration moderne est
des plus surprenantes : avec une pièce d'eau apaisante, une balançoire, des couleurs vives … et qui prend la peine d'y promener son regard découvrira beaucoup
d'autres détails magnifiques. Des expositions y sont régulièrement organisées. »

RESTAURANTS

» **Bistro Zwart Huis**, Kuipersstraat 23,
tél. +32 (0)50 69 11 40,
www.bistrozwarthuis.be

« Le plaisir de savourer toutes sortes
de mets culinaires dans la salle monumentale d'un bâtiment protégé de
1482. Au menu, de grands classiques
de la cuisine flamande, mais aussi quelques plats du monde. Des concerts de
blues ou de jazz sont régulièrement organisés. Cette musique live ajoute beaucoup à l'expérience. »

» **Malesherbes**, Stoofstraat 3-5, tél. +32 (0)50 33 69 24

« Un agréable restaurant dans une des rues les plus étroites de la ville. Des prix
honnêtes, des produits frais et une gastronomie française. Le chef a appris le
métier d'un cuisinier français. C'est dans ce restaurant que nous fêtons chaque
année notre anniversaire. Nous y apprécions sa convivialité et la gentillesse du
personnel. »

» **Passion For Food**, Philipstockstraat 39, tél. +32 (0)477 40 17 14

« Une petite carte proposant des plats savoureux et sains, y compris des alternatives végétariennes et végétaliennes. Sherif, le propriétaire, est particulièrement sympathique ; il connaît Bruges sur le bout des doigts et est un excellent hôte. »

» **Ventura Ristorante**, Koningin Elisabethlaan 48A, tél. +32 (0)50 69 39 74
ou +32 (0)477 89 57 46, www.venturaristorante.be

« Ventura n'a ouvert ses portes que récemment, mais c'est déjà une de nos adresses favorites. On y mange des plats italiens authentiques et nous aimons nous y attabler dès que nous avons un événement à célébrer. »

» **Petite Aneth**, Maria van Bourgondiëlaan 1, tél. +32 (0)50 31 11 89, www.aneth.be

« Petite Aneth est une adresse chaudement recommandée. Après avoir longtemps dirigé un restaurant étoilé, son chef fait des merveilles dans cette version plus modeste. On y mange une nourriture très raffinée sans se ruiner. »

CAFÉS

» **27Bflat**, Katelijnestraat 27B, tél. +32
(0)479 29 74 29, www.27bflat.be

« Ceux qui ne connaissent pas cet endroit sont assurés de passer à côté. Et c'est dommage, car derrière une porte discrète se trouve un endroit fantastique nanti d'un joli jardin verdoyant et ensoleillé. Pour comble de bonheur, on peut aussi y assister à des concerts de jazz live ».

» **Cuvee QV Winebar/Wineshop**, Philipstockstraat 41, tél. +32 (0)50 33 33 28, www.cuvee.be

« On trouve ici des vins exceptionnels, des bouteilles qui ne se vendent pas dans les supermarchés. Ce n'est pas forcément bon marché, mais dans le bar à vin, il est possible de goûter des vins sur place et éviter ainsi les mauvaises surprises. Vous buvez un verre et vous savez tout de suite ce que vous ramenez à la maison. Même si vous n'avez pas envie d'acheter une bouteille, vous serez très heureux d'y savourer un bon verre du breuvage des dieux. »

» Blend wijnbar-wijnwinkel, Kuipersstraat 6-8, tél. +32 (0)497 17 20 85,
www.uncorked.be

« Blend, bar à vin et détaillant, présente également une belle carte des vins qui
est régulièrement mise à jour. On y boit de très bons vins dans toutes les
gammes de prix et l'on est sûr de garder la tête claire grâce aux collations. »

» Lucifernum, Twijnstraat 6, tél. +32 (0)476 35 06 51, www.lucifernum.be

« C'est l'adresse la plus insolite. Lucifernum n'est pas toujours ouvert et vous
devez payer un droit d'entrée. C'est pourtant un endroit à ne pas manquer car
on y pénètre dans un monde extravagant, avec des objets d'art partout et une
fabuleuse terrasse de jardin. Une expérience en soi. »

» Tonka, Walplein 18, tél. +32 (0)495 20 73 99, www.tonkatearoom.com

« Ce petit salon de thé est géré par deux garçons qui mettent beaucoup de cœur
à l'ouvrage. Les crêpes sont cuites à la minute, la quiche est accompagnée
d'une salade croquante et les croissants sortent tout droit du four. »

BOUTIQUES

» Absolute Art Gallery, Dijver 4-5,
tél. +32 (0)50 49 10 12,
www.absoluteartgallery.com

« Pour garder le pouls du monde de
l'art international, je vais à l'Absolute
Art Gallery. L'accueil est toujours chaleureux et on y découvre les œuvres récentes d'artistes internationaux. Parmi
les œuvres exposées, les paysages se-
reins de Benoît Trimborn sont ceux qui m'enchantent le plus. »

» Galerie Pinsart, Genthof 21, tél. +32 (0)50 67 50 66, www.pinsart.be

« Pinsart présente toujours des expositions contemporaines intéressantes. Cela
vaut vraiment la peine d'y jeter régulièrement un coup d'œil. J'aime fureter dans
ce bâtiment du XVIIIe siècle, superbement rénové, et prendre le temps d'admirer
ses beaux objets d'art. »

» De Schacht, Katelijnestraat 49, tél. +32 (0)50 33 44 24, www.de-schacht.be
« Mon magasin d'art préféré : idéalement situé à quelques pas de l'Académie.
Un paradis pour tous les esprits créatifs. Mais on y trouve aussi des cadeaux
originaux pour réjouir ceux qui sont moins créatifs. »

» Kunsthandel Pollentier-Maréchal, Sint-Salvatorskerkhof 8,
   tél. +32 (0)50 33 18 04, www.pollentier-marechal.be
« Les amateurs d'estampes et de gravures anciennes doivent impérativement
se rendre chez Geert et Martine, à l'ombre de la cathédrale Saint-Sauveur. C'est
aussi une adresse de choix pour faire encadrer une œuvre d'art de manière experte ou restaurer et nettoyer une œuvre ancienne et endommagée. L'ambiance
est celle d'un vieux cabinet des estampes. Un régal. »

» Jean Moust, Mariastraat 15, tél. +32 (0)50 34 44 35, www.jeanmoust.com
« Je ne suis aucunement experte, mais je suis toujours muette d'admiration
quand je regarde, chez Jean Moust, les dizaines de peintures flamandes et
hollandaises du XVIIe siècle. Les murs rouge sang sont littéralement couverts
de tableaux. Au début, on ne sait pas où poser le regard. On est submergé
d'émotions. »

ENDROIT SECRET

**» Les jardins de la Maison-Dieu
   Spanoghe**, Katelijnestraat 8

« Il faut un peu de courage pour continuer à avancer, car à première vue, il
semble qu'il n'y ait rien à chercher.
Mais on est vite récompensé car on découvre soudain une oasis de quiétude
au milieu de la ville. On peut y **reprendre son souffle** et admirer la vue
au-delà des **canaux**. On y profite également d'une vue imprenable sur la façade latérale de l'ancien hôpital Saint-
Jean, vieux de plusieurs siècles, et le
monastère attenant. »

Lissewege

Excursions hors de **Bruges**

Vers les autres villes historiques

Anvers (Antwerpen)   82 km

Résumer Anvers en quelques lignes relève du défi. Cette ville historique peut se vanter de posséder une somptueuse cathédrale, de nombreuses églises impressionnantes, une ravissante gare centrale, un Museum aan de Stroom (MAS) révolutionnaire, une élégante Maison de Rubens, un merveilleux musée de sculpture (Middelheim), un zoo historique et tellement d'autres joyaux encore. En outre, c'est la capitale de la mode en Belgique et le lieu de résidence de nombreux designers de renommée internationale. Elle regorge de boutiques de créateurs, mais aussi de petites adresses idéales pour chiner. Pas étonnant donc que les Anversois – un peu bruyants de nature – soient si fiers de leur ville.

INFO > www.visitantwerpen.be ; il y a une liaison ferroviaire directe entre Bruges et Anvers (durée : environ 1h30 ; www.belgiantrain.be).

Bruxelles (Brussel)   88 km

Le monde entier s'est donné rendez-vous à Bruxelles. Du quartier exotique du Matonge aux institutions européennes, la capitale est en perpétuelle effervescence. Son ambiance authentique et populaire crée une atmosphère très conviviale. Dans l'ombre de la majestueuse Grand-Place, le mythique *Manneken Pis* fait la joie des visiteurs. Retrouvez toute l'élégance du vieux Bruxelles aux Sablons, puis plongez dans l'effervescence de la place du Jeu de Balle. Les amoureux de la royauté se pressent place des Palais, les amateurs d'art disposent d'un choix de plus de cent musées parmi lesquels le Musée Magritte, BOZAR ou encore le Musée Horta. Les gourmets se régalent dans

les innombrables brasseries et restaurants gastronomiques. Les mordus de vintage passent leur journée à l'Atomium. Bruxelles, c'est aussi le berceau mondial de la bande dessinée avec notamment Tintin et les Schtroumpfs, plus de 50 fresques sur les murs de la ville et un Centre belge de la bande dessinée renommé.

INFO > www.visit.brussels ; il y a une liaison ferroviaire directe entre Bruges et Bruxelles-Central (durée : 1h à 1h15 ; www.belgiantrain.be).

facilement accessible en vélo *(voir pages 156-157 pour la location de vélos)* ou en scooter *(voir page 156 pour la location de scooters)*.

Damme 6 km

Damme est l'ancien port de transbordement de Bruges (jusqu'à l'ensablement du Zwin). En longeant le canal de Damme, vous arrivez en ligne droite dans la cité de Till l'Espiègle. Le canal de Damme est bordé de peupliers, parfois plus que centenaires ! Leurs troncs tordus participent à un décor enchanteur. Une expérience que vous pouvez également vivre sur l'eau. Le nostalgique bateau à aubes « Lamme Goedzak » effectue, avec grâce et élégance, à une allure nonchalante, des allers-retours entre Damme et le Noorweegse Kaai. Et chaque deuxième dimanche du mois, Damme bat au rythme d'un gigantesque marché du livre !

INFO > www.visitdamme.be ; ligne de bus n° 43 (sauf samedi, dimanche et jours fériés, pour l'horaire consultez www.delijn.be), arrêt : Damme Plaats ; ou bateau à aubes « Lamme Goedzak », www.boot damme-brugge.be *(voir page 51 pour plus d'informations)*. Damme est également

Gand (Gent) 39 km

On dit qu'il n'y a pas peuple plus têtu que les Gantois. Ils se sont soulevés contre Charles Quint. Certains ont dû alors défiler la corde au cou et depuis cette époque, les Gantois sont surnommés « Stroppendragers » (les « garottés »). À Gand, les plus beaux bâtiments médiévaux côtoient les endroits les plus branchés. Le Beffroi se dresse majestueusement à côté de la moderne halle de Gand. Le quartier de Patershol avec ses rues étroites et ses restaurants animés s'étend au pied de l'imposant château des Comtes. La ville fait parler d'elle dans le monde entier avec ses jeunes chefs étoilés et en tant que capitale végétarienne d'Europe. Les amateurs d'art seront aux anges avec le mondialement célèbre *Adoration de l'agneau mystique* des frères van Eyck dans la cathédrale Saint-Bavon et les nombreux musées de la ville. Le S.M.A.K., le Design Museum Gent, le MSK et la STAM surprennent chaque

saison leurs visiteurs par de prestigieuses expositions. Les festivals, les événements culturels et la bouillonnante vie nocturne offrent un vivier d'activités inépuisable dans la ville estudiantine. Et dès la tombée de la nuit, des milliers de lampes et de spots éclairent les bâtiments, les places et les rues pour former ensemble le célèbre plan d'éclairage de Gand. C'est le moment idéal pour découvrir l'endroit préféré des Gantois : le Grasmarkt et le Korenlei.

INFO > www.visitgent.be ; il y a une liaison ferroviaire directe entre Bruges et Gent-Sint-Pieters (durée : environ 30 min. ; www.belgiantrain.be), depuis la gare Gent-Sint-Pieters, le tramway 1 relie le centre toutes les 10 min.

Louvain (Leuven) 110 km

Louvain est la ville estudiantine belge par excellence. Des dizaines de bâtiments historiques universitaires sont répartis dans la vieille ville. Louvain peut se targuer d'abriter la plus grande et la plus ancienne université du pays (fondée en 1425). Malgré son vieil âge, Louvain reste à la pointe de l'innovation, comme le montrent les remarquables réussites architecturales du centre artistique

Stuk, du Depot, De Hoorn dans le quartier branché Vaartkom et du M-Museum Leuven. Et puis il y a Louvain, ville de la bière avec deux brasseries dans le centre, le géant Stella Artois et la brasserie locale Domus, et plusieurs brasseries artisanales dans les environs. Et quel meilleur endroit pour boire une bière que la Place du Vieux Marché (Oude Markt), possiblement le plus long comptoir du monde...

INFO > www.visitleuven.be ; il y a une liaison ferroviaire directe entre Bruges et Louvain (durée : environ 1h30 à 1h40 ; www.belgiantrain.be).

Malines (Mechelen) 90 km

Malines, située exactement entre Anvers et Bruxelles, est la plus petite des villes d'art flamandes mais certainement pas la moins intéressante. Elle est dotée de monuments historiques et de bâtiments protégés qui témoignent de son glorieux passé bourguignon. Parmi les sites incontournables, citons la fière cathédrale Saint-Rombaut : sa tour, haute de 97 mètres, abrite deux carillons sur lesquels jouent régulièrement les élèves de l'École royale de Carillons, la plus ancienne et la plus pres-

tigieuse du monde. Ne manquez pas également le nouveau musée Hof van Busleyden qui retrace le riche passé de Malines sous le règne de Marguerite d'Autriche. Mais aussi la rivière du Dijle, qui serpente à travers la ville et qui est entourée par le Zoutwerf avec ses façades en bois du XVIe siècle et le quai du Haverwerf avec ses somptueux pignons aux couleurs pastel. Autre endroit incontournable est l'ancien palais de Marguerite d'Autriche, d'où étaient autrefois gouvernés les Pays-Bas. Malines est une ville historique et conviviale qui déborde de charme et qui sait aussi être innovante.

INFO > www.visitmechelen.be ; il y a une liaison ferroviaire entre Bruges et Malines avec correspondance à Gent-Sint-Pieters ou Bruxelles-Midi (durée : 1h30 à 1h45 ; www.belgiantrain.be).

Ypres (Ieper) 46 km

Au XIIIe siècle, Ypres était avec Bruges et Gand l'une des villes les plus puissantes de la Flandre grâce à son industrie textile florissante. En raison de son emplacement stratégique dans le Westhoek, la ville fut assiégée à plusieurs reprises. Dès lors, un mur de défense fut construit au Moyen Âge, puis consolidé au XVIIe siècle. Ypres a également joué un rôle stratégique durant la Première Guerre mondiale. La ville a presque été entièrement détruite. Elle a fait l'objet d'un gigantesque chantier de reconstruction après la guerre et ses bâtiments les plus importants comme la Halle aux draps (Lakenhalle) ont été reproduits à l'identique. C'est à cet endroit qu'a été installé le In Flanders Fields Museum. Les témoins y racontent leur expérience personnelle. Ces destins personnels nous font partager les angoisses de la guerre, ressentir l'horreur des tranchées ou le bombardement dévastateur de la ville. Le bâtiment abrite également le nouveau Yper Museum qui retrace plus de mille ans d'histoire. Diverses excursions (d'une journée) sont organisées depuis Bruges vers Ypres et les autres curiosités du Westhoek *(voir aussi pages 146-147)*.

INFO > www.toerisme-ieper.be ; il y a une liaison ferroviaire entre Bruges et Ypres avec une correspondance à Courtrai (durée : environ 1h30 à 1h40 ; www.belgiantrain.be), comptez environ 10 minutes pour vous rendre à pied de la gare d'Ypres à la Grande-Place.

Arrière-pays de Bruges

L'arrière-pays de Bruges est l'oasis de verdure qui entoure Bruges. Les heures s'y écoulent plus lentement tellement la qualité de la vie prime avant tout. Vous y trouverez aussi bien de grands chefs étoilés que de petits cultivateurs locaux passionnés par leur métier. Ajoutez-y des digues, des polders plats, paradis pour les ornithologues et les cyclistes, des bâtiments historiques blottis au milieu des bois et vous obtenez un paysage verdoyant très inspirant. Bruges, la ville du patrimoine mondial, est le cœur battant de la région mais ce sont les villages pittoresques et accueillants tout autour qui lui donnent toute son âme. Partez à la découverte de leurs bâtiments historiques, des villes médiévales de Damme ou Lissewege. Rien n'est obligatoire, mais tout est possible. Retrouvez votre capacité d'émerveillement au cœur du paysage historique et verdoyant de l'arrière-pays de Bruges !

INFO > www.brugseommeland.be

Damme

À ne pas manquer

L'arrière-pays de Bruges vous invite à visiter le Musée Ulenspiegel (Uilenspiegelmuseum) (Damme, 6 km, www.visitdamme.be), fief de Thyl Ulenspie-

EXCURSIONS ACCOMPAGNÉES DANS L'ARRIÈRE-PAYS DE BRUGES

La meilleure façon de découvrir les charmes de l'arrière-pays de Bruges est de participer à une excursion accompagnée. Que vous choisissiez les balades sportives à vélo proposées par The Green Bike Tour (arlando@telenet.be), The Pink Bear Bike Tours (www.pinkbear.be), Steershop biketours (www.steershop.be) ou QuasiMundo Biketours Brugge (www.quasimundo.eu) ou le tour plus paisible en minibus « Triple Treat : the best of Belgium in one day » avec Quasimodo Tours (www.quasimodo.be), vous passerez des vacances inoubliables.

CONSEIL

Le vélo est un moyen idéal pour explorer la région autour de Bruges. Profitez à plein de la nature dans le parc forestier de Bulskampveld, la zone la plus boisée de Flandre occidentale, ou dans les étonnantes forêts des châteaux des domaines municipaux de Tillegem, Tudor et Beisbroek. L'esprit libre : avec une carte des pistes cyclables en main, grâce à laquelle vous pouvez composer votre propre circuit, se perdre est impossible. Vous pouvez acheter des parcours cyclistes aux ℹ️ bureaux d'information ou sur shop.westtoer.be *(Voir pages 156-157 pour la location de vélos)*

gel et de son amie Nele ; le « Lamme Goedzak » (Damme, 6 km, www.boot damme-brugge.be ; *voir aussi page 51*), un bateau à aubes nostalgique naviguant entre Bruges et Damme ; le Château de Loppem (Loppem, 6 km, www. kasteelvanloppem.be), dans lequel le Roi Albert I résida durant la libération à la fin de la Première Guerre mondiale ; le Permekemuseum (Jabbeke, 10 km, www.muzee.be), dans lequel vous pouvez vous promener dans la maison, le jardin et les anciens ateliers de Constant Permeke ; le Musée archéo-

logique romain (RAM) (Oudenburg, 16 km, www.ram-oudenburg.be), dans lequel vous découvrez les fouilles archéologiques et le riche passé historique d'Oudenburg ; le château de Wijnendale (Torhout, 23 km, www. toerismetorhout.be), une forteresse entourée d'un fossé, théâtre d'un glorieux passé millénaire et lieu de séjour d'innombrables souverains ; le Musée de la poterie de Torhout (Torhout, 22 km, www.toerismetorhout.be), qui souligne la riche tradition de renommée mondiale de la poterie Torhout et qui est aménagé dans le château fortifié de Ravenhof ; et l'abbaye Ten Putte (Gistel, 25 km, www.godelievevangistel. be), habitée par la communauté religieuse Mère de la Paix et où Godelieve de Gistel est vénérée. Elle abrite également un musée dédié à Sainte Godelieve et qui retrace l'histoire de la plus célèbre martyre du comté de Flandre.

Château de Loppem

Côte

La côte attire, encore et toujours. De La Panne à Knokke-Heist, chaque station balnéaire possède ses propres atouts uniques. Charmantes ou contemporaines, pittoresques ou « trendy », intimes ou aux allures d'une grande ville, les villes côtières restent les fournisseurs officiels du bonheur. Nature et culture en abondance, plages magnifiques, rues commerçantes où il est très agréable de se promener et boulevards piétonniers vous invitent à flâner longuement. C'est ça la côte. Et grâce au tram du littoral (www.dekusttram.be), vous passez en un rien de temps d'une station balnéaire à une autre. Goûtez l'air salé de la mer, profitez du microclimat et faites-vous plaisir avec un repas sa- voureux à base de poissons fraîche- ment pêchés dans la mer du Nord.
INFO > www.dekust.be

À ne pas manquer

Profitez de la promenade du patrimoine (shop.westtoer.be) pour découvrir le port de Bruges. Le parcours signalisé par des rivets dévoile surtout le rôle unique de Zeebrugge dans l'histoire de la pêche en Flandre et pendant la Première Guerre mondiale. Vous préférez découvrir le port depuis l'eau ? Embarquez pour une croisière à travers le port (Zeebrugge, 14 km, www.franlis.be, *voir aussi page 51*) à bord du bateau de passagers Zephira et naviguez le long d'une des plus grandes écluses du monde. Visitez éga- lement l'ancien marché aux poissons qui

Zeebrugge

LE TERMINAL DE CROISIÈRE MET ZEEBRUGGE À VOS PIEDS

La ligne d'horizon de Zeebrugge dispose d'un bâtiment remarquable avec le tout nouveau terminal de croisière aménagé sur le Rederskaai. La tour de sept étages est un équivalent moderne du beffroi, pour souligner le lien historique entre le port de Zeebrugge et Bruges. Tout est mis en œuvre pour accueillir chaleureusement les passagers, mais aussi les amateurs de bonne cuisine : au dernier étage trône le restaurant Njord qui propose de savoureux plats à base de poisson et une vue panoramique à couper le souffle. Le port, le littoral et même les toits de Bruges sont littéralement à vos pieds.

abrite le parc à thème maritime Seafront (Zeebrugge, 14 km, www.seafront.be, *voir aussi page 69*), où vous découvrirez la riche histoire de la mer. Les bâtiments de l'ancien marché aux poissons abritent également des magasins, des restaurants et des cafés. Au Centre de la Belle Époque de Blankenberge (Blankenberge, 14 km, www.belle.epoque. blankenberge.be), transportez-vous dans l'effervescente et insouciante fin de siècle et revivez les rêves de grandeur et de luxe du littoral belge. À Ostende, découvrez les collections uniques d'art moderne et d'art belge contemporain de Mu.ZEE (Ostende, 22 km, www.muzee. be) et son aile flambant neuve consacrée aux grands maîtres James Ensor, Raoul Servais et Léon Spilliaert ; sans oublier la Maison de James Ensor (Ostende, 22 km, www.ensorstad.be), où vous pourrez, dès l'automne de 2019, pénétrer de nouveau dans l'univers fascinant du plus célèbre des peintres d'Ostende.

Offrez-vous une grande bouffée de culture dans le parc de sculptures permanent de Beaufort (www.lelittoral.be/fr/inspiration/parc-de-sculptures-beaufort) : des œuvres contemporaines majeures des précédentes éditions de la triennale de Beaufort sont dispersées sur plusieurs communes côtières. Les amoureux de la nature et du calme trouveront leur bonheur en admirant la flore et la faune magnifiques du Zwin Natuur Park (Knokke-Heist, 20 km, www.zwin.be), « l'aéroport international pour les oiseaux ».

Knokke-Heist, Zwin Natuur Park (parc naturel)

Westhoek

Des panoramas à perte de vue, des collines en pente douce, des polders plats et un calme extraordinaire. Jadis le champ de bataille de la Grande Guerre, aujourd'hui un paisible et authentique petit coin de vacances où l'on goûte des instants de bonheur incomparables. Cette région verte s'adosse à la frontière française et à la côte ouest. Elle abrite de nombreux villages accueillants et pittoresques, toutes sortes d'histoires et de légendes et les vestiges silencieux de la Première Guerre mondiale. Vous y trouverez aussi de paisibles auberges et de charmants restaurants dans les endroits les plus enchanteurs, très loin de l'agitation urbaine. L'endroit rêvé pour des balades sans fin à pied et à vélo. Et où que vous alliez, vous serez accueilli avec ce généreux sourire qui fait la réputation du Westhoek. De quoi savourer le cœur léger le fameux picon, le savoureux apéritif frontalier.

INFO > www.toerismewesthoek.be

À ne pas manquer

À Ypres, ne manquez pas de visiter le In Flanders Fields Museum (Ypres, 46 km, www.inflandersfields.be), dans la magnifique Halle aux draps aménagée dans le centre-ville. Le musée y retrace de manière extrêmement impressionnante l'expérience de la Grande Guerre dans la région frontalière west-flandrienne. Le

EXCURSIONS ACCOMPAGNÉES AU WESTHOEK

Offrez-vous une (mini) excursion en bus inoubliable à partir de Bruges le long des vestiges de la Grande Guerre au cœur de la région du Westhoek, avec Quasimodo Tours (www.quasimodo.be), In Flanders Fields – The Great War (www.brussels-city-tours.be) et Flanders Fields Battlefield Daytours (www.visitbruges.org). Vous pouvez aussi faire une excursion au Westhoek avec les compagnies (de taxi) suivantes : Taxi Snel (www.taxisnel.be) et Poppies Day Tours (www.poppiesdaytours.be).

Langemark-Poelkapelle,
The Brooding Soldier

Site John McCrae,
Ypres

Lo-Reninge,
Centre d'accueil des visiteurs Jules Destrooper

bâtiment abrite également le nouveau musée de la ville, Yper Museum (Ypres, 46 km, www.ypermuseum.be), dédié à la riche histoire d'une ville qui a toujours su rebondir. Chaque soir, à 20h précises, se déroule à la porte de Menin, un impressionnant monument sur lequel figure inscrit une liste des noms des 54 896 soldats disparus au cours du conflit, la cérémonie du Last Post (Ypres, 46 km, www.lastpost.be), un hommage rendu aux soldats tombés durant la Grande Guerre. Le cimetière militaire britannique CWGC Tyne Cot Cemetery (Passendale, 54 km, www.passchendaele.be, www.cwgc.org) est le plus grand cimetière militaire du Commonwealth au monde et abrite la dépouille de près de 12 000 soldats britanniques tombés durant la Première Guerre mondiale. Au Musée Mémorial Passchendaele 1917 (Zonnebeke, 66 km, www.passchendaele.be) les visiteurs découvrent de manière vivante et poignante la réalité historique de la Première Guerre mondiale et en particulier de la Bataille de Passendale.

Le château Beauvoorde (Wulveringem, 56 km, www.kasteelbeauvoorde.be) est un lieu très apprécié des familles avec enfants. Petits et grands y sont transportés à l'époque des chevaliers et des nobles dames et sont invités à participer à toutes sortes de captivantes activités organisées dans le parc franco-anglais du château. Au centre d'accueil des visiteurs Jules Destrooper (Lo-Reninge, 70 km, www.julesdestrooper.com), découvrez la riche histoire du confiseur Jules Destrooper et terminez votre visite par une délicieuse dégustation de biscuits. Pas moins savoureuse est la visite du Musée du Houblon de Poperinge (Poperinge, 83 km, www.hopmuseum.be), où vous serez tout de la fabrication du houblon : de la cueillette à ses nombreuses et diverses applications, le houblon n'étant pas seulement l'ingrédient préféré des brasseurs !

Ypres, Last Post

Bureau d'information 't Zand (Salle de concert)

Bruges
Pratique

Se rendre et se déplacer à Bruges

Retrouvez toutes les informations actualisées sur www.visitbruges.be

En voiture

Bruges se trouve à proximité de la E40, à 1 heure de Lille et à 3 heures et demie de Paris (par l'autoroute A1). **Tout le centre-ville est en zone 30, ce qui signifie que vous ne pouvez pas rouler au-delà de 30 km/h. Le stationnement est à durée illimitée et plus avantageux dans l'un des deux parkings du centre.**

(Plus d'informations sous « Parking »)

🅿 Parking

Bruges est une ville à taille humaine. Le trafic motorisé dans le centre-ville historique est déconseillé. À une distance de marche du centre, vous trouverez quelques parcs de stationnement où vous pourrez vous garer **gratuitement**. Un peu à l'extérieur du centre-ville, il existe également des park & ride à partir desquels le centre-ville est facilement accessible avec les transports en commun ou en vélo. Une « zone bleue » a été instaurée tout autour du centre-ville. Dans cette zone, vous pouvez stationner gratuitement pendant 4 heures maximum entre 9h et 18h. N'oubliez pas de placer votre disque bleu de stationnement ! Le stationnement dans les rues du centre-ville est limité en durée (min. 30 min. et max. 4 heures) entre 9h et 20h et payant également les dimanches et jours fériés (1ère heure : 1,80 € ; 2ème, 3ème et 4ème heure : 2,40 € ; max. 9 € pour 4 heures). Vous pouvez payer par SMS avec l'application 4411 (uniquement pour les numéros GSM belges) ou à l'un des horodateurs (en espèces ou avec une carte bancaire). N'oubliez pas de vous munir du numéro de votre plaque d'immatriculation.

Il est possible de stationner pendant une durée illimitée dans le centre-ville et l'option **la plus avantageuse** est de le faire dans l'un des deux grands parkings du centre : devant la gare (plan de ville : D13) et sous 't Zand. Ces deux parkings sont chacun facilement accessibles à pied depuis la Grand-Place, mais vous pouvez également emprunter un bus de la compagnie De Lijn *(plus d'informations sous la rubrique « Transports publics »)*. Le transfert aller-retour en bus (max. 4 pers. par voiture) du parking Centrum-Station vers le centre-ville est compris dans le prix du ticket de stationnement. Si vous séjournez à Bruges, informez-vous au préalable auprès de votre hébergement des possibilités de stationnement.

INFO > Retrouvez toutes les informations actualisées sur les possibilités de stationnement sur le site www.visitbruges.be

▶ Parking Centrum-Station

Stationsplein | plan de ville : D13
CAPACITÉ > 1500
OUVERT > Tous les jours, 24 heures sur 24
PRIX > Max. 3,50 €/24 heures de stationnement | tarif horaire : 0,70 € | transfert en bus inclus (max. 4 personnes par voiture)

▶ Parking Centrum-'t Zand

En-dessous de 't Zand | plan de ville : C9
CAPACITÉ > 1400
OUVERT > Tous les jours, 24 heures sur 24
PRIX > Max. 8,70 €/24 heures de stationnement | tarif horaire : 1,20 € ; à partir de la deuxième heure, vous payez par 15 minutes

🚌 En bus

Plusieurs compagnies de bus internationales proposent une navette vers Bruges depuis les principaux hubs internationaux et villes étrangères. L'arrêt prévu pour ces navettes est situé à Bruges devant la gare, côté Sint-Michiels (Spoorwegstraat). Flixbus dispose également d'un arrêt sur le Bargeplein.

▶ Au départ et en direction des hubs de transport

Au départ et en direction Brussels South Charleroi Airport, **flibco.com** propose plusieurs navettes directes par jour. **Ouibus** organise quotidiennement des liaisons directes à partir et au départ de la gare TGV Lille-Europe. Les horaires sont adaptés en fonction des heures de départ et d'arrivée des trains Eurostar et des TGV. **Flixbus** est relié à divers hubs de transport internationaux, notamment les gares TGV de Bruxelles-Midi et Lille-Europe, mais aussi les aéroports de Francfort (terminal 2), Cologne, Bruxelles, Amsterdam Schiphol, Charles de Gaulle et Orly.

▶ Au départ et en direction des villes étrangères

Flixbus, **Ouibus** et **Eurolines** assurent des liaisons régulières au départ et à destination de Bruges. Les bus desservent différentes villes belges, néerlandaises, françaises, allemandes, anglaises et tchèques. Réservation préalable conseillée, quand elle n'est pas obligatoire pour certains trajets. Consultez www.ouibus.com, www.flixbus.com et www.eurolines.eu pour les informations actualisées sur les horaires, tarifs et réservations.

🚆 En train
▶ National

Chaque jour, une à quatre liaisons ferroviaires par heure desservent directement Bruges au départ des gares principales d'Anvers, Gand, Hasselt, Louvain et Bruxelles. À partir de la Wallonie, le train Eupen – Oostende vous conduit directement à Bruges, via les gares de Liège et de Bruxelles (Nord, Central et Midi). Consultez www.belgiantrain.be.

▶ International

La gare de Bruxelles-Midi est la plaque tournante belge du trafic ferroviaire international (www.b-europe.com). Bruxelles-Midi est desservie chaque jour par plusieurs trains à grande vitesse depuis Paris (Thalys/IZY et TGV), Lille (Eurostar, TGV et Thalys), Londres (Eurostar), Amsterdam (NS InterCity, Thalys et Eurostar) et Cologne (Thalys et ICE). À partir de Bruxelles-Midi, trois trains par heure desservent Bruges quotidiennement, avec pour terminus respectifs les villes d'Ostende, de Knokke ou de Blankenberge. La durée du trajet entre Bruxelles-Midi et Bruges est d'environ 1 heure. Il y a des Thalys à partir de la gare du Nord de Paris à destination de Bruxelles-Midi, où vous aurez une correspondance à destination de Bruges (train national). De la gare Lille Flandres, il y a des trains vers Bruges avec changement à Courtrai (1 par heure).

En avion
▶ Via Brussels Airport-Zaventem

L'aéroport national accueille des vols quotidiens en provenance de plus de 200 destinations réparties dans 85 pays. Depuis l'aéroport Brussels Airport-Zaventem, il vous sera facile de rejoindre Bruges en train. Chaque jour, un train direct dessert Bruges toutes les heures. Plusieurs trains au départ de l'aéroport Brussels Airport-Zaventem desservent également de manière régulière les gares de Bruxelles-Nord, Bruxelles-Central ou Bruxelles-Midi, au départ desquelles trois trains par heure relient quotidiennement la ville de Bruges avec pour terminus respectifs les villes d'Ostende, de Knokke ou de Blankenberge. Consultez www.belgiantrain.be pour les informations sur les horaires et les tarifs ou consultez la page 153 si vous préférez prendre un taxi.

► Via Brussels South Charleroi Airport

L'aéroport régional populaire reçoit plusieurs vols quotidiens à bas prix au départ de différentes villes d'Europe ou du reste du monde. La compagnie de bus flibco.com (www.flibco.com) organise chaque jour plusieurs navettes directes vers et depuis la gare de Bruges. Pour les courses en taxi, reportez-vous à la page 153.

► Via Ostend-Bruges Airport

L'aéroport d'Ostend-Bruges est en plein développement et élargit systématiquement son offre. En bus, vous êtes en 15 minutes à la gare d'Ostende. Entre 6h et 22h, au moins trois trains par heure quittent la gare pour rejoindre Bruges (avec pour terminus respectifs Eupen, Welkenraedt, Brussels Airport-Zaventem, Antwerpen-

Centraal ou Kortrijk). Le voyage en train vers Bruges dure environ 15 minutes. Consultez www.belgiantrain.be pour les infos concernant les horaires et tarifs. Pour les courses en taxi, reportez-vous à la page 153.

Transports en commun

Consultez les infos de voyage actualisées sur www.visitbruges.be

► Bus

Les transports en commun sont bien organisés à Bruges. Les bus de la compagnie De Lijn desservent toutes les trois minutes la gare ferroviaire et le centre-ville. Des navettes fréquentes sont également mises en place à destination de la gare et du centre-ville depuis l'arrêt des cars touristiques situé au Kanaaleiland (plan de ville : E13). Les bus en direction du centre-ville s'arrêtent à proximité des rues commerçantes, bâtiments historiques et musées. Les principaux arrêts sont indiqués sur le plan de ville (voir la carte pliante à l'intérieur de la cou-

Venir à Bruges en train (et en bus) ?

départ	via	km	train ☻	bus ☻	reserveren
Amsterdam	Bruxelles-Midi	253	± 3:10	-	www.thalys.com, www.eurostar.com www.nsinternational.nl
Brussels Airport-Zaventem	-	110	± 1:30	-	www.belgiantrain.be
Brussels South Charleroi Airport	-	148	-	2:10	www.flibco.com
Cologne	Bruxelles-Midi	313	± 3:08	-	www.bahn.de, www.thalys.com
Lille Flandres	Courtrai	75	± 1:47	-	www.b-europe.com
London St Pancras	Bruxelles-Midi	-	± 3:25	-	www.eurostar.com
Lyon	Bruxelles-Midi	731	± 5:03	-	www.voyages-sncf.com
Ostend-Bruges Airport	Ostende	24	*voir au dessus*		www.delijn.be, www.belgiantrain.be
Paris-Nord	Bruxelles-Midi	296	± 2:37	-	www.thalys.com
Paris-Nord	Bruxelles-Midi	1238	± 8:58	-	www.voyages-sncf.com

verture). Avec un seul billet, vous pouvez voyager d'une ligne à l'autre durant 60 minutes. Le prix d'un billet est de 3 €. Tous les titres de transport de De Lijn sont disponibles dans les points de vente suivants.

▶ Billets

» Prévente
> De Lijnwinkel, Stationsplein (devant la gare SNCB)
> **i** Bureau d'information 't Zand (Salle de concert)
> Diverses librairies, kiosques et supermarchés au centre-ville

» Distributeurs de billets De Lijn
> De Lijnwinkel, Stationsplein (devant la gare SNCB)
> Arrêt de bus 't Zand

🚗 Taxis

EMPLACEMENTS
> À la gare de Bruges : côté centre et côté Sint-Michiels
> Sur le Bargeweg (Kanaaleiland)
> Sur le Markt
> Dans la Vlamingstraat (en face du Théâtre municipal)
> Dans la Boeveriestraat (près de 't Zand)
> Dans la Kuipersstraat (à côté de la bibliothèque)

PRIX > Les entreprises locales de taxis pratiquent les tarifs forfaitaires suivants (des ajustements de prix restent possibles pendant toute l'année) :

> Bruges <> Brussels Airport-Zaventem : 200 €
> Bruges <> Brussels South Charleroi Airport : 250 €
> Bruges <> Aéroport de Lille/gares de Lille : 140 €
> Bruges <> Ostend-Bruges Airport : 70 €
> Bruges <> Bruxelles (centre-ville) : 175 €
> Bruges (gare, Bargeplein ou Boeveriestraat) <> Zeebrugge terminal des croisières : 55 €

Retrouvez la liste des compagnies de taxi accréditées et leurs coordonnées sur www.visitbruges.be

🚲 Vélo-taxi

EMPLACEMENTS
> Markt (près de l'Historium)
> 't Zand (près du Salle de concert)
> Stationsplein (Kiss&Ride)

PRIX > Tarifs disponibles (sur place) auprès des loueurs.

INFO > Tél. +32 (0)471 04 86 07 ou www.taxifietsbrugge.be, tél. +32 (0)478 40 95 57 ou www.fietskoetsenbrugge.be et tél. +32 (0)478 51 41 15 ou www.greenrides.eu

À Bruges

De la gare de Bruges, vous pouvez prendre toutes les trois minutes les bus de De Lijn *(voir « Transports en commun »)* ou le taxi *(voir « Taxi »)* pour vous rendre à votre lieu d'hébergement.

Infos pratiques

Accessibilité

De nombreux sites à Bruges sont accessibles aux personnes à mobilité réduite grâce à des aménagements spécifiques. Ils sont indiqués dans ce guide par ♿, ♿, ♿ et ♿. Grâce à ces icônes, vous identifiez facilement les emplacements qui disposent d'aménagements spécifiques pour les personnes présentant un handicap physique, intellectuel, visuel et/ou auditif. Pour obtenir plus de détails sur l'accessibilité des différents sites à Bruges, consultez les 🛈 bureaux d'information. Vous pourrez vous y procurer une publication gratuite (en néerlandais ou anglais), avec notamment une promenade accessible à tous le long des principaux sites de Bruges. Le long de ce circuit pédestre, vous trouverez différents hébergements, restaurants et toilettes publiques accessibles aux personnes handicapées. Vous y bénéficierez de surcroît de nombreux conseils pratiques.

Argent

La plupart des banques de Bruges sont ouvertes de 9h à 12h30 et de 14h à 16h30. Certaines agences sont également ouvertes le samedi matin. Elles sont en revanche fermées le dimanche. Il existe des distributeurs de billets 🏧 dans plusieurs rues commerçantes, sur 't Zand, la Simon Stevinplein et la Stationsplein. Vous pouvez facilement y retirer de l'argent avec votre carte Visa, Eurocard ou MasterCard (via votre code). Il est possible de changer de l'argent dans l'un des bureaux de change. En cas de perte ou de vol de votre carte de paiement, bloquez-la immédiatement en appelant Card Stop au tél. 070 344 344 (24 heures sur 24).

» **Bureau de change Western Union**
INFO > Steenstraat 2, tél. +32 (0)50 34 04 71
» **Bureau de change Pillen bvba**
INFO > Vlamingstraat 18, tél. +32 (0)50 44 20 55
» **Bureau de change Moneytrans Brugge**
INFO > Rozenhoedkaai 2, tél. +32 (0)50 34 59 55

🛈 ♿ 📶
Bureaux d'information
» **Bureau d'information Markt (Historium)**
Tous les jours : 10h-17h
» **Bureau d'information 't Zand (Salle de concert)**
Du lundi au samedi : 10h-17h
Dimanche et jours fériés : 10h-14h
» **Bureau d'information Stationsplein (Gare ferroviaire : corridor d'accès aux quais, côté centre)**
Tous les jours : 10h-17h

Les bureaux d'information sont fermés le jour de Noël et le Jour de l'An. Tél. +32 (0)50 44 46 46, visitbruges@brugge.be, www.visitbruges.be

🅿🚐 Camping-cars

La Kanaaleiland (l'île du Canal), sur le Bargeweg, offre un très beau terrain, avec au minimum 40 emplacements de camping. D'ici on se rend en cinq minutes via le béguinage au plein cœur de Bruges. Il n'est pas possible de réserver.
PRIX > Du 01/04 au 30/09 : 25 €/jour ; du 01/10 au 31/03 : 19 €/jour. L'électricité est gratuite, possibilité de connexion à l'eau potable (0,50 €) et d'évacuation des eaux usées.

OUVERT > Le terrain est accessible de 8h jusque 22h. Il est possible de quitter le parking à toute heure.
INFO > www.interparking.com

Cartes de réduction et billets combinés

Sur présentation d'une carte de réduction ou en achetant des billets combinés, vous pouvez visiter de nombreux musées, curiosités touristiques et attractions de Bruges en bénéficiant de tarifs réduits. *Retrouvez toutes les informations utiles page 75.*

Cinémas

Tous les films sont projetés dans leur version originale (avec sous-titres français et/ou néerlandais si nécessaire).

15 Cinema Lumière
Sint-Jakobsstraat 36, tél. +32 (0)50 34 34 65, www.lumierecinema.be

16 Kinepolis Brugge
Koning Albert I-laan 200, Sint-Michiels, tél. +32 (0)50 30 50 00, www.kinepolis.com | ligne de bus n° 27, arrêt : Kinepolis

Consignes bagages

» **Gare**
Stationsplein (Place de la Gare) | plan de ville : C13

» 26 **Historium**
Markt 1

Formalités

» **Pièce d'identité**
Une carte d'identité ou un passeport valide est obligatoire. Pour la plupart des citoyens de l'Union européenne, la carte d'identité suffit. Si vous venez en Belgique depuis un pays non membre de l'UE, vous devez passer par la douane. À l'intérieur de l'Union Européenne, on ne pratique pas de contrôle aux frontières. Vérifiez assez longtemps d'avance dans votre pays de résidence auprès de l'ambassade ou du consulat belges quels documents il faut prévoir.

» **Santé**
Les habitants de l'Union Européenne ont en Belgique, grâce à leur carte européenne d'assurance maladie, accès aux soins médicaux nécessaires et imprévus. Les soins sont prodigués aux mêmes conditions que pour la population belge et les frais médicaux sont intégralement ou partiellement remboursés. Cette carte doit être demandée à votre caisse d'assurance maladie ou auprès de votre mutuelle. À noter : chaque membre de la famille doit posséder sa propre carte.

Fumer

En Belgique, il est interdit de fumer dans les cafés, les restaurants, les espaces publics d'hôtels (réception, bar et couloirs) et les bâtiments publics (gares, aéroports...). Les fumeurs peuvent le faire à l'extérieur, où un cendrier généralement les attend.

Heures d'ouverture

Les cafés et les restaurants n'ont pas d'heure de fermeture (fixe). Ils restent parfois ouverts jusqu'au petit matin, certains jours – selon le nombre de clients – ils ferment plus tôt. *(Lire page 88 « Shopping à Bruges » pour plus d'informations sur les horaires des magasins)*

Jours de marché

» **Lundi**
8h-13h30 | Onder de Toren – Lissewege | divers
» **Mercredi**
8h-13h30 | Markt | comestibles et fleurs
» **Vendredi**
8h-13h30 | Marktplein – Zeebrugge | divers
» **Samedi**
8h-13h30 | 't Zand | divers
» **Dimanche**
7h-14h | Veemarkt, Sint-Michiels | divers

» Du mercredi au samedi
8h-13h30 | Vismarkt | poissons
» Tous les jours
Du 15/03 au 15/11 : 9h-17h ; du 16/11 au 14/03 :
10h-16h | Vismarkt | produits artisanaux
**» Samedi, dimanche, ponts et jours
fériés du 15/03 au 15/11 + vendredi de juin
à septembre**
10h-18h | Dijver | antiquités, brocante et
artisanat

Jours fériés

Durant les jours fériés la plupart des entreprises, institutions et services sont fermés.
> 1er janvier (Nouvel an)
> 21 avril (Pâques) et 22 avril (lundi
de Pâques)
> 1er mai (Fête du travail)
> 30 mai (Ascension)
> 9 juin (Pentecôte) et 10 juin (lundi
de Pentecôte)
> 11 juillet (Jour de fête de la Flandre)
> 21 juillet (Fête nationale)
> 15 août (Assomption)
> 1er novembre (Toussaint)
> 11 novembre (Armistice)
> 25 décembre (Noël)
> 26 décembre (2e jour de Noël)

🛵 Location de scooters

Vespa Tours
LIEU > Estaminet 't Molenhuis,
Potterierei 109
PRIX PAR VESPA > Casques et assurance
inclus, 5h : 50 € (1 pers.) ou 65 € (2 pers.) ;
la journée : 70 € (1 pers.) ou 80 € (2 pers.)
OUVERT > Du 01/03 au 31/10 : tous les jours,
10h-18h
CONDITIONS > Âge minimum du conduc-
teur : 21 ans, permis B
INFO > Tél. +32 (0)497 64 86 48

Location de vélos

» 🚲 📶 Bauhaus Bike Rental
LIEU > Langestraat 145
PRIX > 3h : 6 € ; la journée : 10 €

OUVERT > Du 01/03 au 30/09 : tous les jours,
8h-20h ; du 01/10 au 28/02 : tous les jours,
8h-17h
INFO > Tél. +32 (0)50 34 10 93,
www.bauhaus.be

» 🚲 B-Bike Concertgebouw
LIEU > Salle de concert, 't Zand
PRIX > 1h : 4 € ; 5h : 10 € ; la journée : 12 €.
Tandem, la journée : 22 €. Bicyclette électrique, la journée : 22 €
OUVERT > Du 01/03 au 31/10 : tous les jours,
10h-19h ; du 01/11 au 28/02 : ouvert sur rendez-vous. Les vélos peuvent être restitués
au plus tard jusqu'à 22h.
INFO > Tél. +32 (0)50 61 26 67 ou +32 (0)479
97 12 80, www.bensbike.be

» 🚲 Bruges Bike Rental
LIEU > Niklaas Desparsstraat 17
PRIX > 1h : 4 € ; 2h : 7 € ; 4h : 10 € ; la journée :
13 €, étudiants (sur présentation de la carte
d'étudiant) : 10 €. Bicyclette électrique, 1h :
10 € ; 2h : 15 € ; 4h : 22 € ; la journée : 30 €.
Tandem, 1h : 10 € ; 2h : 15 € ; 4h : 20 € ; la
journée : 25 €, étudiants (sur présentation
de la carte d'étudiant) : 22 €
OUVERT > Tous les jours, 10h-20h
FERMETURES EXCEPTIONNELLES >
Le 01/01 et le 25/12
INFO > Tél. +32 (0)50 61 61 08,
www.brugesbikerental.be

» 🚲 De Ketting
LIEU > Gentpoortstraat 23
PRIX > La journée : 8 €. Bicyclette
électrique, la journée : 22 €
OUVERT > Du mardi au samedi, 10h-18h;
lundi et dimanche, 10h30-18h
FERMETURES EXCEPTIONNELLES > Les
dimanches dans la période du 16/10 au 31/03
INFO > Tél. +32 (0)50 34 41 96,
www.deketting.be

» 🚲 Fietsen Popelier
LIEU > Mariastraat 26
PRIX > 1h : 5 € ; 4h : 10 € ; la journée : 15 €.
Bicyclette électrique ou tandem, 1h : 10 € ;
4h : 20 € ; la journée : 30 €

OUVERT > Du 15/03 au 31/10 : tous les jours, 9h-19h ; du 01/11 au 14/03 : tous les jours, 10h-18h
FERMETURES EXCEPTIONNELLES >
Le 01/01, le 30/05 et le 25/12 ; en janvier et en décembre : fermé le lundi
INFO > Tél. +32 (0)50 34 32 62,
www.fietsenpopelier.be

» 🚲 Fietspunt Station
LIEU > Hendrik Brugmansstraat 3 (Stationsplein)
PRIX > 1h : 6 € ; 4h : 10 € ; la journée : 15 €. Bicyclette électrique, 4h : 20 € ; la journée : 30 €
OUVERT > Du lundi au vendredi, 7h-19h ; du 01/05 au 30/09 : aussi les week-ends et jours fériés, 9h-17h
FERMETURES EXCEPTIONNELLES >
Du 25/12 au 01/01
INFO > Tél. +32 (0)50 39 68 26,
www.fietspunten.be

» 🚲 📶 Koffieboontje
LIEU > Hallestraat 4
PRIX > 1h : 5 € ; 5h : 10 € ; la journée : 15 €, étudiants (sur présentation de la carte d'étudiant) : 11,25 €. Tandem, 1h : 10 € ; 5h : 20 € ; la journée : 30 €, étudiants (sur présentation de la carte d'étudiant) : 22,50 €
OUVERT > Tous les jours, 9h-22h
EXTRA > Location de fauteuils roulants et de poussettes
INFO > Tél. +32 (0)50 33 80 27,
www.bikerentalkoffieboontje.be

» 🚲 📶 La Bicicleta
LIEU > Wijngaardstraat 13
PRIX > La journée : 15 €
OUVERT > Tous les jours, 11h-22h. Réservez au préalable votre vélo sur le site Internet.
INFO > Tél. +32 (0)478 33 49 69,
www.labicicleta.be

» 🚲 📶 Snuffel Hostel
LIEU > Ezelstraat 42
PRIX > La journée : 8 €
OUVERT > Tous les jours, 8h-20h
INFO > Tél. +32 (0)50 33 31 33,
www.snuffel.be

» 🚲 📶 Steershop
LIEU > Koolkerkse Steenweg 7a. Les vélos de location peuvent être délivrés à l'adresse de votre hébergement.
PRIX > La journée : 15 €
OUVERT > Du mardi au samedi, 8h-11h et 16h-20h (samedi jusqu'à 18h)
EXTRA > Sorties guidées *(voir page 142)*
INFO > Tél. +32 (0)474 40 84 01,
www.steershop.be

Les points de location de vélos exigent généralement une caution.

Pensez-y

Ne laissez pas gâcher votre journée par des pickpockets et mettez votre **portefeuille** de préférence dans une poche intérieure fermée de votre manteau et non dans un sac ouvert ou un sac-à-dos. Un conseil en or pour les dames : fermez votre sac hermétiquement et gardez l'ouverture près du corps. Bruges est une ville animée qui jouit d'une vie nocturne agréable. Nombre d'endroits restent ouverts jusque tard dans la nuit. N'oubliez pas qu'il est interdit de vendre, donner ou offrir des **spiritueux** (whisky, gin, rhum, vodka...) aux moins de 18 ans. Pour les moins de 16 ans, cette interdiction vaut également pour toutes les boissons avec une teneur en alcool supérieure à 0,5%. Il faut prouver son âge pour acheter de l'alcool. La consommation de toutes formes de drogues – y compris le cannabis – est strictement interdite en Belgique. Visiter Bruges, c'est pouvoir en profiter pleinement, mais veillez à laisser aux visiteurs qui vous succèderont une ville aussi propre que vous l'avez trouvée : aidez-nous à **garder** Bruges **impeccable** et déposez vos déchets dans une poubelle.

Piscines
 Interbad
Six couloirs de 25 mètres ; il y a également une piscine de loisirs, un toboggan aquatique, une pataugeoire et un bassin d'apprentissage.

INFO > Veltemweg 35, Sint-Kruis, tél. +32 (0)50 35 07 77, interbad@skynet.be, www.interbad.be; Ligne de bus n° 10, n° 58 ou n° 58S, arrêt : Watertoren

&♿ **12** Jan Guilini

Piscine couverte de 25 mètres dans un bâtiment magnifique et protégé, du nom du champion de natation et combattant de la résistance, Jan Guilini.
INFO > Keizer Karelstraat 41, tél. +32 (0)50 31 35 54, zwembadjanguilini@brugge.be, www.brugge.be/sport; Ligne de bus n° 9, arrêt : Visartpark

&♿ **13** 📶 Lago Brugge Olympia

La piscine olympique (50 mètres), un paradis aquatique subtropical (avec des toboggans, une piscine à vagues et un toboggan aquatique), une vaste et agréable pelouse pour s'allonger comprenant deux piscines extérieures et plusieurs attractions et équipements dédiés au bien-être.
INFO > Doornstraat 110, Sint-Andries, tél. +32 (0)50 67 28 70, olympia@lago.be, www. lago.be/brugge; Ligne de bus n° 5, arrêt : Lange Molen ou n° 25, arrêt : Jan Breydel

Toutes les informations sur les heures d'ouverture sont disponibles aux ℹ️ bureaux d'informations situés sur le Markt (Historium), au 't Zand (Salle de concert) et au Stationsplein (Gare ferroviaire).

ⓘ Police

» **Numéro général**
tél. +32 (0)50 44 88 44
» **Assistance policière d'urgence** tél. 101
» **Quartier « centre »**
Du lundi au vendredi, 8h-17h et le samedi, 9h-18h | Kartuizerinnenstraat 4 | plan de ville : E9
» **Commissariat de police**
Du lundi au jeudi de 7h à 21h et de vendredi 7h à dimanche 21h. Pour les urgences, une permanence est disponible 24h/24 au commissariat de police | Lodewijk Coiseaukaai | plan de ville : F1

Population

Au 1er janvier 2018, Bruges comptait 19 574 habitants intra-muros. La population totale du Grand Bruges s'élevait à 117 915 habitants.

Poste

Smedenstraat 57-59 | plan de ville : B9
Vous pouvez aussi vous rendre directement dans un des points poste (« postpunt » - conseils, envois, timbres...), les magasins de timbres des différentes rues commerciales ou au ℹ️ bureau d'information de 't Zand (Salle de concert) pour l'achat de timbres.

Saisons et climat

Même si la plupart des visiteurs choisissent de visiter Bruges au printemps ou en été, la ville reste attractive en toute saison. À l'automne et en hiver, les canaux brumeux, les ruelles pavées tortueuses ont un charme peut-être plus prononcé encore et les nombreux cafés authentiques représentent des haltes d'autant plus savoureuses. Il règne une atmosphère merveilleusement conviviale mais n'oubliez pas d'apporter votre parapluie puisqu'en automne et en hiver, il pleut de temps en temps. Les mois « froids » permettent de visiter les musées et les sites les plus incontournables en toute sérénité, les restaurants ne sont pas pris d'assaut. Pendant les mois de janvier, février, mars, et souvent aussi les jours de semaine, les logements à Bruges sont de surcroît meilleur marché.

Services religieux

01 Basiliek van het Heilig Bloed (Basilique du Saint-Sang)
tous les jours, sauf le lundi : 11h

02 Begijnhofkerk (Église du Béguinage)
du lundi au samedi : 11h,
dimanche et jours fériés : 9h30

04 **Engels Klooster (Couvent anglais)**
Du lundi au samedi : 7h45

12 **English Church**
('t Keerske / Chapelle Saint-Pierre)
Office anglican anglophone, dimanche :
18h (du 27/10 au 24/03 : 17h)

10 **Kapucijnenkerk**
(Église des Capucines)
du lundi au vendredi : 8h (mardi également
à 18h), samedi : 18h, dimanche : 10h

11 **Karmelietenkerk (Église des Carmes)**
du lundi au vendredi : 12h, dimanche : 10h

15 **Onze-Lieve-Vrouwekerk**
(Église Notre-Dame)
samedi : 17h30, dimanche : 11h

16 **Onze-Lieve-Vrouw-ter-Potteriekerk**
(Église Notre-Dame de la poterie)
dimanche : 7h et 9h30

17 **Onze-Lieve-Vrouw-van-Blindekens-**
kapel (Chapelle Notre-Dame des aveugles)
premier samedi du mois: 18h

18 **Orthodoxe Kerk HH. Konstantijn**
& Helena (Église Orthodoxe
Saint-Constantin & Sainte-Hélène)
samedi : 18h, dimanche : 9h

19 **Sint-Annakerk (Église Sainte-Anne)**
dimanche : 9h

20 **Sint-Gilliskerk (Église Saint-Gilles)**
dimanche : 19h

22 **Sint-Jakobskerk**
(Église Saint-Jacques)
mercredi et samedi : 19h

23 **Sint-Salvatorskathedraal**
(Cathédrale Saint-Sauveur)
du lundi au vendredi : 18h (vendredi
également à 8h30), samedi : 16h,
dimanche : 10h30

12 **Verenigde Protestantse Kerk**
(Église protestante unie)
('t Keerske / Chapelle Saint-Pierre)
dimanche : 10h

25 **Vrije Evangelische Kerk**
(Église évangélique libre)
dimanche : 10h

Téléphone

Si vous voulez appeler Bruges depuis
l'étranger, composer le 00 32 suivi de l'in-
dicatif 50.

Toilettes publiques

Bruges compte un certain nombre de toilettes publiques WC sur le plan de la ville
dépliant à l'intérieur du rabat de couverture
de ce guide). Les Brugeois se saisissent
souvent de l'occasion pour entrer dans un
café et boire quelque chose.

Urgences

► Assistance européenne : tél. 112
Le numéro de téléphone gratuit, disponible
24h/24, réservé aux appels d'urgence et valide dans l'ensemble de l'Union européenne.

► Aide médicale
» Service de garde médecins, pharma-
ciens, dentistes et infirmiers
Tél. 1733 : pour les demandes d'assistance
médicale non urgentes le soir, la nuit ou
pendant le week-end.
» Hôpitaux
> A.Z. St.-Jan > tél. +32 (0)50 45 21 11
> A.Z. St.-Lucas > tél. +32 (0)50 36 91 11
> St.-Franciscus Xaveriuskliniek >
  tél. +32 (0)50 47 04 70
» Centre Antipoison
tél. +32 (0)70 245 245

Index des noms des rues